国学新解丛书

论 语 新 解

陈开先◎注译

人民出版社

目　录

第二篇 为 政

第三篇　八　佾

第四篇 里 仁

第五篇　公冶长

第六篇　雍　也

第七篇　述　而

第八篇 泰 伯

第九篇　子　罕

第十篇 乡 党

第十一篇　先　进

第十二篇　颜　渊

第十三篇　子　路

第十四篇　宪　问

第十五篇　卫灵公

第十六篇　季　氏

第十七篇 阳 货

第十八篇　微　子

第十九篇　子　张

第二十篇　尧　曰

前　言

　　岁月如梦似幻！一转眼，笔者在广州已经度过了近 30 个春秋！而这 30 年，又是我人生最精华的 30 年！今年，已办理完退休手续的我，漫步在广州街头，慢慢品味着我伴随广州一起成长的这 30 年，百感交集！20 世纪 80 年代末，我只身到广州来读研，那时的广州城市人口还不足 300 万，天河体育中心刚刚落成，其周边还是被称为"苗圃"的市郊。那时广州的最高建筑，还是只有 33 层楼高的白云宾馆！我见证了广州 2000 多年建城史上，最为辉煌的一段历程！人口由 275 万增长到 1400 万，增长了 5 倍多！有 200 多万个家庭，实现了在广州安家的梦想！伴随着大量外来人口的迁入，广州也在不断地变大、变高、变美！而今当人们徜徉在塔林簇拥、繁华锦绣如梦的花城广场，遥想广州的 10 年前，20 年前，30 年前，似乎置身于一个魔幻般不真实的童话世界之中！

　　今年是中国大陆恢复高考制度的第 40 个年头，这 40 年间中国到底发生了什么？40 年前的今天，我们那代年轻人，还正在为前途闪现的那一线曙光而欢呼雀跃，而后便是千军万马过独木桥似的血腥拼杀，以及成功者的意气风发和失败者的不甘与沮丧！可谁也不会想到，邓小平当年的刚毅决断，成了中华民族命运转折的标志性事件。而后的 40 年，中国大陆的人均 GDP 从 230 美元猛增到 9000 美元！增长了 39 倍多！中国的城市发展，也都像广州一样，进入了它建城史上最为魔幻的发展阶段。中华民族在过去的 40 年里，创造了人类文明史上空前绝后的奇迹。史诗般恢宏壮丽的中华民族崛起，让这个世纪之交与千禧年之交，成为人类史上印记最为明显的里程碑！

　　中华文明源远流长，有明确文字记载的历史，约为 3500 年。而文明传统的形成，可追溯到 3200 年前的文王、周公时期。从制度文明的意义言，周公摄政时期的封建诸侯与制礼作乐，奠定了华夏文明的根基。此时的华夏文明，以封建诸侯的政治制度为基础，配之以礼乐教化，其人文精神乃是敬慎，《诗经》与《尚书》(主要指《周书》)，则是承载其人文精神的文化载体。此文明传统，历经西周、东周两个时期的500余年，到孔子在世时的春秋末期，已"礼崩乐坏"。孔子以拯救斯文为己任，几十年矢志不渝，终使华夏之文明传统发扬光大，并为250多年后的秦汉制度革命，奠定了思想基础。

公元前221年，秦王扫六合而称皇帝，中华文明开始进入了帝制文明的新阶段。"车同轨，书同文，行同伦"的政治大一统，是帝制文明的核心特征。秦帝国虽然短命，但其制度文明的核心精神，被继之而起的汉帝国全盘接收。所以由秦王嬴政发起的制度革命，直到公元前87年汉武帝刘彻去世方臻于完成。汉武帝"罢黜百家，独尊儒术"，建构起中华民族的意识形态话语霸权，是这场制度革命得以完成的标志。

帝制或称皇权体制，之所以可以被称作文明，是因为它在制度设计上，不甚完全地接受了孔子尚贤及学而优则仕的政治主张，虽然在最高权力的确立与更替上，沿袭了封建诸侯时代的做法。但在皇权之下，对天下之权力实行集中统一垄断，并按照事实上公权力的性质，来对权力进行分配。于是公权力分配的公正、公开、公平，便是皇权体制的最显著特征。民心与民意也是根据公权力分配得公平与否，来感受和评价世道。帝制对封建诸侯制度的取代，之所以被认为是中华文明的历史性进步，是因为它用对公权力集中统一垄断的方式，彻底解决了封建时代人人对公权力的觊觎，以及由此造成的权力分配过程的腥风血雨。

中华的帝制文明，在中华大地上延续了2100多年，并对朝鲜半岛、中南半岛及日本列岛等中国周遭的文明，产生了深刻影响。只是到了近代，由于欧罗巴文明的异军突起，才让中华文明在这场"千年未有之大变局"中，处于困厄与劣势。并在准备不足的仓皇中，匆匆地将皇权体制推倒，而让中华大地重陷先秦时代之乱局。经过近半个世纪的群雄竞逐以及半个多世纪的制度重建，中华文明终于又焕发出勃勃生机。

中华民族走过的这梦幻般的40年，就是中华古老文明重新焕发生机的明证。这40年在中华大地上所发生的奇迹，只有反观中华古老的文明传统，才能够获得深刻的理解与诠释，舍此而试图靠舶来的西方观念来讲中国故事，无异于舍本逐末。反观中华文明传统，首先必须推倒近百年来，由于"文化自虐"而强加给我们文明传统的种种罪名，尤其是对政治文明传统所强加的"封建专制"的罪名。

中华文明之所以能够绵延不绝，关键原因在于其政治文明核心精神的优越。对公权力的垄断，以及公平、公开、公正地分配公权力，是帝制文明体制的核心要素。皇权体制虽然在最高权力的交接与转移的过程中，时常腥风血雨。但行政权力的分配，却由于皇权的至高无上，而让社会基本上能够守住公平的底线，并让如此巨大体量的共同体的人们，无人敢于觊觎权力。能把人们的觊觎之心压缩到几近于无，进而让因权力争夺而发生血腥的概率，也压缩到最小。这才是帝制文明优越性的集中体现，也是中华文明受到普遍青睐的原因之所在。

我与西方主流学术（包括被西方主流学术话语洗脑了的中国学者）的根本分歧在于：公权力作为国家最重要的公共资源被集中统一垄断，这究竟是文明的标志还是野蛮的体现？我认为是前者，而学术主流则认为是后者。我的理由是：公权力只有当它被集中统一垄断的时候，它才可能真正具有公共品的属性，而只有当它能够依据"量才使用"原则被分配的时候，它的被分配与使用，才可能是公平而富有效率的。

现我们对中国这 40 年所发生奇迹的解释，往往认为 1978 年 12 月党的十一届三中全会所决定实行的改革开放，是制胜的关键一招。而我认为：比实施改革开放更加关键的一招，是从 1982 年开始，广泛实行的"干部四化"，它的意义在于：自 1905 年清廷废科举，摧毁传统的文官体制后，中华民族正式开始了它传统文官体制的重建。而文官体制的复生，恰好又与中华民族这 30 余年经济与社会建设的奇迹相伴生！

当代的中国及其与之命运与共的世界，在中国人的视域中，已经真真切切地进入了一个新的时代。中国文化传统，在经历了近 200 年欧风美雨的洗礼后，已经凤凰涅槃般地奇迹重生。中华民族，更以前所未有的文化自信，坦然而顺理成章地回到人类历史舞台的中央。新的时代，期待中华民族为世界的文明进步，作出更大的贡献！而重建斯文，让古老而年轻的中华智慧，惠及全人类，应当是我们当前的不二选择。

重建斯文要求我们重回中华文明的轴心时代，重新面对经典去汲取与分享古圣先贤们的生命智慧。这就是我们今天，需要对《论语》进行新解的理由。每个时代的中国人，都必须带着时代给予他们的生命感受，通过《论语》文本这个平台，来与孔子及其弟子们神交，并记录下他们的心得。何晏时代需要如此，朱熹时代需要如此，我们今天依然需要如此。

说实话，代表这个时代去与孔子及其弟子们对话，进而分享并汲取中华文明传统的生命智慧，对于我来说，是勉为其难！作为时代悲剧的产物，我们这代人，是精神残缺的一代。严格意义说来，我在 40 岁之前，并未接触过《论语》，且一直生活在一种批判和污名化孔子的人文环境中。

记得 1990 年，那时我已经是中山大学哲学系自然辩证法专业二年级的研究生。我当时最推崇的一本书，是刘再复、林岗合著的《传统文化与中国人》。一次中国哲学专业的学术会议在中大召开，我有幸以哲学专业研究生的身份，参加会议。在会上我曾经不知天高地厚地质问汤一介老先生，我说：从文化史上我们所看到的是，西方文化培育出一代又一代的科学家与发明家，而我们中国文化则培养一代又一代的御用文人。想不到的是，我的话深深地刺痛了老先生。

1995 年，已 40 岁的我，顺利考取中大冯达文先生的博士研究生，也只是到了此时，我才正式走进中国传统文化，也才正式走进《论语》。与那些童蒙时代就开始与《论语》相遇的学人相比，我的进入肯定是太晚了！但好在我是从马克思、黑格尔、康德、胡塞尔、海德格尔、维特根斯坦、福柯一路读过来的，有对哲学的浓厚兴趣，以及不算太差的学术悟性及知识储备。

年届中年的我，一进入《论语》就似乎找到了一种久违的生命契合，于是当博士论文开题的时候，我决意要选择《论语》作为研究对象，后被指导教师们劝阻而弃。但博士毕业后，我就开始为研究生们开设"先秦子学"课程，于是对孔、孟、老、庄学术思想的沉潜把玩，我已经历 20 余载；2004 年开始，我为中国哲学专业开设"《春秋》研究"与"《五经》选读"课程，至今也已经有 13 个年头。通过这 20 多年间在中国文化传统中的浸润，我相信代表我们这代人与传统对话，我还应该有资格！

　　当然摆资格，并不能解决任何问题。关键还是能否对《论语》的文本，解读出新意来。所谓新意，就是要用与汉儒、宋儒完全不同的眼光来解读《论语》，而本书的所谓"新眼光"，就是用政治哲学的眼光。也是因为引入政治哲学眼光的缘故，我才会把"学而优则仕"解读为一种权力分配的原则，进而把"尚贤"解读为中华政治文明的主线。只有引入这种新眼光来看中国的政治文明传统，我们才可能把握中华文明的优越性，进而让我们的全部文化自信，不会变成虚妄。

　　关于政治哲学眼光，绝不是一种哗众取宠的自我标榜。大概自 1996 年，河北人民出版社出版列奥·斯特劳斯、克罗波西的《政治哲学史》起，政治哲学观念就开始引发我的思考与关注，这之后我还就政治哲学观念问题发表过学术论文，并形成了我本人关于政治哲学观念的独特看法。经过 15 年左右的探索与积累，2010 年我题为《政治哲学史教程——一种解读人类政治文明传统的新视角》的专著，由科学出版社出版。该书试图融合中西方两大政治文明传统，并为欧洲政治文明传统找到新定位。

　　本书另一个具有创新意义的看点是：发现了《论语》文本 20 篇的主题与结构。千百年来中国人读《论语》，始终有一个困惑，那就是《论语》的编撰者们在选取与编排《论语》文本内容时，是否有一个通篇谋划？或者说他们在对《论语》的内容进行选择与编排时，是否有一个意图在其背后。是本人首次在本书里，对"意图问题"的千年之惑，给出了一个明确而肯定的回答！

　　首先，本书认为：《论语》20 篇有一个明确而贯穿一致的主题，这就是"学而君子"，或者说是：孔子通过《论语》文本这个平台，要求所有的中华读书人，都应该通过学习而做君子。2000 多年来，中华民族的历代读书人，也正是通过《论语》文本这个平台，来聆听孔子他老人家的教诲，同时通过神交与对话的方式，来与孔子及其弟子们分享其对生活的领悟，并从其中汲取生命的智慧，进而成就自己的人格完美与精神崇高。而现当代的中国读书人，依然应该把追求人格完美与精神崇高，作为自己的人生目标，同时也要以读《论语》与孔子对话的方式，来学做君子，进而活出现代中国人的新风采！

　　其次，本人此番解读《论语》还有个较为令人惊奇的发现：那就是《论语》20篇，不仅各篇有自己的一个主题，譬如首篇学而君子，同时也是整部《论语》的主题，次篇主题为论政，三篇主题是说礼，四篇主题为说仁，等等。而且各篇主题之间也存在着有机联系，进而使得《论语》整体20篇呈现一种结构特征。从文本结构上看：《论语》之首篇，提出读书人应学做君子，当为破题之篇，该主题经过论政、论礼、论仁、说史等的不断深化，再穿插着对孔子教弟子如何做君子，以及孔子自己如何做君子的记述，然后提出斯文、履文的问题；再通过归仁、归正的主题深化，最终于第14篇"宪问"，落实到通过点评读书人的做人得失，来落实学做君子成果，所以第14篇的内容最为丰富；而接下来"卫灵公"篇则要从这些点评的成果中，归纳整理出读书人的做人原则来，原则即戒律，或者说是行为规范。所以"卫灵公"篇，应当是《论语》文本的结题之篇。文本的后5篇，皆属于主体结构外的补遗篇，当属辅助结构。

　　综上所论：《论语》文本从第1篇到第15篇，构成《论语》文本的主体部分，主体之内容，让"君子"这样一个抽象的观念，以一种理论与实践交融，生活故事与理论原则互诠的方式，不断对其添加生活的经验内容，以使其语义内涵不断丰沛，并使之与人们的实际生活相关联。这最终使君子观念变成血肉丰满的、可以约束读书人行为，并为读书人指明人生方向及道路的生活规范。作为行为规范范畴的君子，承载着华夏古老文明的深厚底蕴，并以优雅、大气、深邃、睿智、雍容、谦和、卓绝、刚毅等多方面的高贵精神气质，成就了中华文明的无穷魅力和无尽活力，它是华夏民族先祖们为我们所留下来的最为宝贵的精神财富！

　　除了以上新意外，新的阅读技术的应用，也应该是本书的一个创意。传统经学的文本研究，大多重于文字考据。但近现代引入西方的阅读方法，则更重视文本主题的提取。语文教学，特别重视对学生进行提取中心思想、归纳段落大意的训练。如此训练出的阅读习惯，与传统读书人完全不同。本书在体例的设计上，照顾到现代人与古人在阅读习惯上的差异，因而对每篇的解读，都安排了"题解"的环节。同时也按照主题引领的思路，对各章文本进行主题提取，进而在确定主题的基础上，我还特意用四字浓缩主题，并为每章加个题目。我相信对这 512 章文本添加题目的做法，对加深经典理解、助益经典识记，肯定会大有裨益。

已经步入新的伟大时代的中国人，需要以前所未有的文化自信，展现出新时代的精神风貌，并以新的历史担当的勇气，面对中国文化重建，乃至世界文化与文明重建的历史责任。这需要我们首先对一百多年来欧风美雨对中国进行文化洗礼的成果，进行必要盘点；同时又需要我们像魏晋与宋明先贤那样，用重回中华文明轴心时代的决断，来为我们民族的继续前行，寻找新的精神动力与能量。而这便孕育出一个绝佳的新机遇：那就是通过重温经典，来与历代的古圣先贤对话，即与我们的人文传统——斯文对话。愿活在当下的中国人，能够通过对话传统，而活出做人的自信，活出精神的健康，活出生命的尊严，活出灵魂的美丽！

2017 年 9 月 24 日于广州

第一篇 学 而

【题解】

"学而"被置于《论语》开篇，是否有深意？朱熹说："此为书之首篇，故所记多务本之意，乃入道之门、积德之基、学者之先务也。"我更愿意相信"学而君子"不仅是本篇的主题，同时也是贯穿整部《论语》的主题。"君子"一词在汉语的语汇中，代表着"人格完美和精神高贵"，人们可以也必须通过"学"，达致人格完美和精神高尚的人生目标。

本篇共收录孔子及其弟子语录 16 章，其中孔子语录 8 章；孔子与子贡对话 1 章；有子语录 3 章；曾子语录 2 章；子夏语录 1 章；子贡语录 1 章。从首章记子曰"学而时习之"引入"学而做君子"话题开始，始终把如何通过学而让读书人成为君子，作为贯穿全篇的主题。孔子为君子规定的人格特质包括：好学、好友、不为未名而焦虑；敬事而爱民；泛爱众而亲仁；以诚信立身；就有道而身正；积极入世；敬畏传统；富而好礼；善于沟通；等等，并明确指出："巧言令色"者，无法成为君子。而有子又补充了君子务本、以和为贵、君子凭依等思想。曾子则提出君子"三省吾身"的行为原则及"慎终追远"的著名思想。子夏的"贤贤易色"，建议学做君子者，要以伟大灵魂为楷模。子贡则通过与陈子禽的对话，刻画了孔子温良恭俭让的君子美德。

孔子君子人格思想提出的历史意义在于：

在孔子之前的时代，君子一般泛指行政官吏。那时奉行的是世袭制，所有官员的职位都是世袭的。身份上位于君王之下，供君王调遣与使用，负责治理国家的人，即称为君子；而为君子服务，由君子驱使与供养的人们，即称为小人。所以原初意义上，君子与小人仅是指社会身份与分工，并不具有道德的褒贬意味。所以《诗经》中有大量的"君子"称谓，主要是年轻妻子们称自己的郎君，相当于后来所谓的"官人"。

孔子的文化创意在于"以德行释君子"，即将古代"德配天命"思想中，对于君王德行的要求下移，希望通过对官员们有德的要求，来改善社会治理状况，提高社会治理水平。让君子们配有德行，孔子的意图在于：

1. 重拾天道

孔子虽然教导弟子要"天下有道则见，无道则隐"，但是面对"礼崩乐坏"的局面，自己却"知其不可为而为之"地奔波呼号，终其一生也没有选择隐。在发现没有君王肯接受自己的政治主张后，他不惜以"有教无类"的方式来另辟蹊径，试图通过"仁人君子"教育，来为那个时代的天下凝魂聚气，以图"为天下立心"，让天下的良知与正义之"灵明"，能够得以重新昭显！

2. 改革制度

孔子对当时流行的"血而优则仕"的世袭贵族制的制度安排，十分不以为然。他认为这种制度既不公平，也没有效率。他倡导"学而优则仕"，希望能够通过对"学"的评价，找到更加公平的公权力分配的办法。同时他认为：把公权力交给德行优良的"好人"，社会就会更加公平而有效率，因而就会更加美好！为了让人们的生活更加美好，孔子策动了一场政治革命，他要变世袭贵族统治为道德精英治理，他要通过这样的改革，让人民活得更加有尊严，进而活得更加舒心。

3. 改善民生

孔子所生活的春秋时代，242 年间所发生的诸侯国之间的战争就达 297 次之多！战争频发导致血流漂杵、生灵涂炭、民生多艰。孔子是坚定的和平主义者，对一切由于暴力的滥用而带来的人民苦难，都表示坚决的反对与谴责。所以孔子提倡"仁人行政"，希望一切有权力的人，都能够向往人格崇高和精神高贵，并用他们的仁爱之心来体察民间的疾苦，进而用他们爱民的行动，让普通民众的生存处境能够得以改善。

在本篇所收录的"如何学做君子"的语录中，第 2 章所记有子的"君子务本"思想，尤其值得重视。在以孔子为代表的儒家看来：亲情之爱，是一切爱的真正源头，而家庭便是培养人们爱之情感的第一所学校。人们学做人，必须从爱父母、友兄弟姐妹做起，让爱的种子在童蒙幼稚的心田里播下。追求人格完美的君子，必须从培养爱心之根芽做起，即在家的温馨中，感受爱，学会爱，滋养爱，培育爱。

"本立而道生"之"道"，即人道，指做人之正道，即正确的人生道路。它包括高尚的人生目标，正确的价值观念，以及由此决定而必须坚守的做人原则等。在人道的崇高人生目标的引领下，君子们用岁月的时光之刀，艺术地雕刻着自己的人格美，从而把生命当作一次美的旅程。而"本立而道生"还揭示了一帧极为美好的生命意象：一颗由爱点示的生命的种子，在人们心田的沃土上发芽、生根，即本立。而后此生命向着参天的方向抽条、拔节，本与根不仅为它提供成长的营养，而且还为它规划着生命成长的方向。该生命历程所刻画出的轨迹，就是"道"。

孔子看来：觊觎之心，是人生命中的魔鬼！人与人的大多数冲突与不和，都是由于觊觎之心作祟造成的。在"礼崩乐坏"的历史大变局之中，"犯上"与"作乱"的流行，说明人们生命中觊觎之心这个魔鬼，已经被从潘多拉的盒子中释放了出来，于是造成诸侯们对周天子政治权威的蔑视；大夫们对诸侯权力的觊觎；普通人对反映社会身份等级秩序之"礼"，也产生了蠢蠢欲动的僭越。而频频发生的"弑君"血案，则更表明礼治秩序已濒于解体。孔子认为：要挽救社会危局，必须从人性与人心处救起。拯救人心必须提倡仁爱，只有让仁爱遍生，人道才可能天下流行，而人道流行，则是彰显天道之灵明的必要条件。只有把人们对社会正义与良知的渴望，转化为普遍的社会共识，天地之心的灵明，才能够在人间高悬，并对犯上作乱频发的乱局、危局，产生有效的遏制作用。

另外，《论语》各章是否应该有个题目？朱熹作《论语集注》，未给各章加题目，但到朱熹弟子编写《朱子语类》时，为了编撰的方便，就随章就文地为《论语》各章添加题目，但这种题目的添加，缺乏对文本主题的推敲，起不到助读的效果。本书希望通过"主题深究"的方式，来为各章寻找一个题目，这样妥否，请读者鉴定！

1.1 学而君子

【原文】

子①曰："学②而时③习④之，不亦说⑤乎？有朋自远方来，不亦乐乎？人不知而不愠⑥，不亦君子乎？"

【注释】

① 子：孔子。

② 学：学做君子。

③ 时：持续，不间断。

④ 习：践履、实行。

⑤ 说：即"悦"。

⑥ 愠：焦虑。

【翻译】

孔子说："学做君子而时有收获，岂不心情舒畅？好友久别相聚，岂不心怡神爽？不知名也不焦虑，岂非真君子风采？"

1.2 君子务本

【原文】

有子①曰："其为人也孝弟②，而好犯上③者，鲜矣④。不好犯上，而好作乱者，未之有也。君子务本，本立而道生。孝弟也者，其为仁之本与？"

【注释】

① 有子：即有若，鲁人，小孔子43岁。作为孔子的杰出弟子，有若对孔学的体悟十分独特，本章及后面"以和为贵""君子凭依"章，都特别重要，被集中编排在首篇中。但由孔子所确认的"孔门十哲"，并没有有若，《论语》中也没有孔子与有子互动的文字记载，令人十分疑惑。

② 弟：即"悌"，亲友兄弟姐妹。

③ 犯上：觊觎或僭越。

④ 鲜矣：少见。

【翻译】

有子说："人若上孝敬父母，下友爱于兄弟姐妹，而能够做出犯上忤情悖理的事，很难相信；若人做事从不忤情悖理，而干出大逆不道之事，更不可能。要养成君子人格，必须从培育爱心的起点——家庭出发，然后再面向崇高，向美而生。由此而看，孝悌不正是人之为仁的根本吗？"

1.3　巧言令色

【原文】

子曰："巧言①令色②，鲜矣仁③。"

【注释】

① 巧言：口舌如簧。

② 令色："令色"何意？察"令"字古义，呈一幅"人跪于人"的画面，取"一人向另一人下达旨意"之意。估计孔子是对这幅画面所呈现出的跪地之人的精神面貌感到不齿，君子以道事人，不齿于对他者五体投地！所以"令色"所指的是一种精神的猥琐，或者是人格猥琐。而孔子心目中的"君子"，必须建立在人格挺立的基础之上，人格挺不起来，还如何谈得上完美、高贵？！

③ 鲜矣仁：我们知道：西方文明尚辩，认为善于言辞，能够以语言征服他人者，便为社会的佼佼者。并愿意把治理社会的公共权力，授予能说会道的人。而中华文明起码自孔子起，对能说会道者就没有好印象。孔子说"刚毅、木讷近仁"，认为能言善辩的人，没有真性情。靠忽悠大众而获得权力的人，是没有能力把国家治理好的。

【翻译】

孔子说："口舌如簧却人格猥琐，鲜有仁人味道。"

1.4 三省吾身

【原文】

曾子①曰:"吾日三省吾身②。为人谋而不忠乎? 与朋友交而不信乎? 传③不习乎?"

【注释】

① 曾子:即曾参,鲁南武城人,小孔子46岁。孔子与曾子的关系也十分值得研究。曾参与其父曾点皆孔子学生,孔子对曾参关爱有加,曾参与孔子的互动也较频繁,而《论语》所记曾子语录及事迹亦较多,本章的"三省吾身"与后面"慎终追远"的思想,也十分重要。但"孔门十哲"竟然没有曾子,颇令人困惑。

② 三省吾身:君子的自我反思,即良知对本我的考问,可用一"诚"字囊括,所以后来孟子说"反身而诚,乐莫大焉"。

③ 传:老师每天所传之道。

【翻译】

曾子说:"我每天多遍地叩问自己:助人有没有尽心? 交朋友有没有守住诚信底线? 老师所传之道,有没有即刻践行?"

1.5 敬事爱民

【原文】

子曰："道①千乘之国②，敬事而信，节用而爱人，使民以时。"

【注释】

① 道：指治理。孔子的治国思想，强调官民之间，要以情感互动为主，官通过对民付出以爱，换取民对官的真心拥护和爱戴。官以其德征服民心，是获取政治权威认同的最高境界。任何以暴力胁迫为手段，强迫他人服从的行为，都是违背人类道义的，也是根本不可接受的，是不具有正当性的行为。

② 千乘之国：乘，指战车。这里指战时可以出动上千辆战车的中等国度。

【翻译】

孔子说："治理千乘规模的国家，秉国事在于敬慎而有信；理财政在于守住民生保障底线；兴工程役使民众，在于不违农时，即不与民争利。"

1.6 爱众亲仁

【原文】

子曰："弟子入则孝，出则弟，谨而信，泛爱众①，而亲仁②。行有余力③，则以学文④。"

【注释】

① 泛爱众：具有"民胞物与"的情怀。在孔子看来：孝悌之亲亲，只能够是养成君子人格的起点，而君子要成为天下之精英，就不能够只爱自己的家人和朋友，还必须胸怀天下，对天下的苍生、万物能有一种"与我同体共命"的情感，舍此则无法"为天下立心"，成为天下良知与正义的代表。这样君子之德修，就必须经历一个由"亲亲之仁"到"一体之仁"的过程，只有达致"心与天地同在，悲乐与万民同感"的境界，方可谓真君子。

② 亲仁：讲的是个体与仁的共命，即让仁变成德修者的生命目标，于是仁便会成为一束价值之光，把德修者的生命里程照亮。正如上帝和佛就在基督徒和佛教徒的生命里一样，"亲仁"就是把"仁"变成儒教徒的人生信仰，于是"仁"就在德修者的生命里。

③ 行有余力：剩余之事。

④ 学文：学以文饰、文明，改变精神气质。

【翻译】

孔子说："教弟子做君子，进门时提醒他爱父母，出门时提醒他友兄弟。爱心稳固，再教他做人须谨慎而守信，而后培养他民胞物与之情怀，进而他就会与仁共命，让心灵在仁里得以安顿。其余之事，那就是不断改善精神气质了。"

1.7　贤贤易色

【原文】

子夏①曰："贤贤②易色③；事父母能竭其力，事君能致其身④；与朋友交，言而有信。虽曰未学⑤，吾必谓之学矣。"

【注释】

① 子夏：名卜商，卫国温地人，小孔子43岁。以"文学"的杰出而跻身"孔门十哲"，后成为孔子思想的重要传承者。

② 贤贤：所谓"贤"者，必须具有伟大的灵魂，"贤贤"就是选择与伟大灵魂亲近。而生活里被我们尊奉为"贤者"的人，通常可以是先辈，即所谓"先贤"；也可以是同辈，即"时贤"。学先贤常常通过经典文本的阅读，达到与往圣先贤的灵魂相契和精神相通；学时贤则往往通过对生活中优秀人物的精神追随，而达到提升精神境界的目标。一般意义上讲，学先贤更需要领悟与理解，而学时贤更多时候是在精神模仿，并且这种模仿带有一定的盲目性。

③ 易色：即改变人的精神气质。儒家与佛家都认为：通过德性之修，随着境界的提高，其精神气质会有所改变。孟子认为：君子由于"仁义礼智根于心"，于是就"其生色也，睟然见于面，盎于背，施于四体，四体不言而喻"。而佛学也认为：人们的德修，会产生一种所谓的"相随心转"的效应，大和尚们由于长期修善，便会生得慈眉善目。

④ 致其身：奋不顾身。

⑤ 虽曰未学：虽未曾履行拜师仪式。

【翻译】

子夏说："能选择伟大灵魂做榜样，且改变了精神气质。在家，竭尽全力孝敬父母；在朝，奋不顾身为君王效忠；与朋友相处，始终能言而有信。这样即使他从未履行过拜师仪式，我依然认为他学而有成。"

1.8 忠信立身

【原文】

子曰："君子不重①则不威②，学则不固③。主忠信④。无友不如己者⑤。过则勿惮⑥改。"

【注释】

① 不重：德修达不到一定的境界。

② 不威：没有威望，即没有人肯服从。君子以诚信立身，在与人交往的过程中，首先让人觉得值得信赖，而信赖则是共事合作的基础。由于信赖的理由，君子的所言所行，都会被给予善意的理解和解读，而这是君子能够使人服从的关键奥秘。当然君子还要凭借自己的远见卓识，让自己比别人站得高些、看得远些。于是君子便不是凭借自己的强力，而是凭借自己对事物的精辟见解，真诚为人的善意，以及能够确实使别人获益的主张和建议，让别人顺从自己的意志，即是让别人服从自己。

③ 学则不固：学没有内化为境界的提升和气质的改善。

④ 主忠信：主字古义呈一幅"灯"的画面，灯火其光甚微而明照一室。这里讲：忠信乃修德之关键，忠信的养成，可让德性之光烛照其一生。

⑤ 不如己者：这里主要指在德行境界上不如自己的人。

⑥ 惮：忌惮、害怕。

【翻译】

孔子说:"君子德行不够,说话就没分量,说明所学成果尚未巩固。修德须让忠信做主,勿与德行差者做朋友,发现自己德行有亏,莫忌惮改正。"

1.9　慎终追远

【原文】

曾子曰:"慎终追远①,民德归厚②矣。"

【注释】

① 慎终追远:所谓"慎终"主要指重丧葬,而"追远"则指重祭祀。传统认为:慎终追远可以使人们不忘先祖,并潜移默化地培养一种感恩情感,人人懂得感恩与知恩图报,社会风气自然淳朴,人就会较少算计,较多地理解和宽容,这当然是一种十分优美的文明。尤其每逢清明时节,家人们聚族而祭,缅怀共同先祖,让血脉亲情的温馨,通过拜祭的仪式,而内化于心。但过去百年的文化自虐,让国人对自己优秀的传统,有过较长时间的误解。这反映在对待丧葬祭祀的态度上,我们曾一度以"封建迷信"而横扫之,这显然过分。但恢复祭祀后,人们又过分拘泥于礼仪的形式,而往往忽视丧葬祭祀礼仪背后的人文精神。学术研究的缺席,让今天的丧葬祭祀,变得千奇百怪!

② 民德归厚:民俗、民风会变得淳朴、厚重。

【翻译】

曾子说:"重视丧葬,追怀先人,让民风淳朴,民德厚重。"

1.10 求与之惑

【原文】

子禽①问于子贡②曰:"夫子至于是邦也,必闻其政③,求之与?④抑与之与?⑤"子贡曰:"夫子温、良、恭、俭、让⑥以得之。夫子之求也,其诸异乎人之求之⑦与!"

【注释】

① 子禽:陈子禽,为子贡弟子。

② 子贡:端木赐,卫人,小孔子31岁。孔门最重要弟子之一,以"言语"跻身"孔门十哲",并对孔子在中华思想史与文明史上地位的确立,作出过杰出贡献。

③ 必闻其政:以孔子为代表的儒家,坚持一种积极入世的人生态度。孔子每到一国一地,必急切询问当地政事。关心政治,胸怀天下,是儒家思维逻辑的必然选择。儒家心目中的"天下",是关于文明世界的想象,是以文化和文明为边界的地域认同,这与西方在种族认同基础上的国家观念不同。儒家对天下大事的关心,表现的是一种超越利益诉求的高贵精神品质。

④ 求之与?:是主动询问好?

⑤ 抑与之与?:还是等待介绍更好?

⑥ 温、良、恭、俭、让:温和、善良、恭敬、俭朴、辞让。指孔子心地纯洁,没有任何企图与杂念。他对政事的敏感,主要出于他的天下情怀。而正是孔子的这种异乎于常人的情怀,才成就了他在中华民族历史乃至整个人类历史上的伟大勋业。

⑦ 人之求之:别人主动告诉。

【翻译】

子禽问于子贡说:"老夫子每到一地,必急切询问政事,他究竟是主动询问好?还是等待介绍更好?"子贡回答说:"夫子性格温和,待人善良,处事恭敬,生活俭朴,接物辞让。他心地纯洁,没有企图与杂念。这样主动询问与等待告诉,难道有何不同吗?"

1.11   父道子继

【原文】

子曰:"父在观其志,父没观其行,三年无改于父之道①,可谓孝矣。"

【注释】

① 父之道:即父辈的精神遗产。看儿子是否具有君子潜质,父亲在世,看他对"父之道"的认同。父亲过世,看儿子对家庭精神遗产,即家族传统的继承,若父亲刚过世,儿子还可勉强维持"父之道",但不出一两年,便使家道败落,家风颓弛,这样的儿子当然不孝。

【翻译】

孔子说:"观君子潜质,父在,看儿对父之道的认同;父亡,看儿对父之道的继承。父亡三年,儿能让父之道不走样,即可谓孝。"

1.12　以和为贵

【原文】

有子曰："礼之用①，和为贵②。先王之道斯为美；小大由之③。有所不行④，知和而和⑤，不以礼节之，亦不可行也。"

【注释】

① 礼之用：在中国传统社会，礼的作用在于：通过规范强者来调节人与人的关系。因为面对弱者，强者们总会表现出傲慢来，包括富人对穷人的傲慢，有权力的人对贫民的傲慢，有声望的人对庸众的傲慢等。傲慢则伤人，并引发冲突。为减少冲突，先贤们希望通过限制强者们的任性，来使每个人都活得有尊严。

② 和为贵：以和谐为最高价值。和的秩序理想，就是使人与人之间，能够以和睦的方式，相处相依。人与人的相互尊重，是"和"得以实现的关键。任何方式的侮辱，都会伤害和气，破坏和谐秩序。

③ 小大由之：做小事大事的正当性，都必须由"和谐"的标准来做判定。

④ 有所不行：也不可以片面。

⑤ 知和而和：过分强调和谐。

【翻译】

有子说："礼之功用，在于使人和睦地共处，此为先王道统最为美好的部分。生活的大事小事，都当以追求和谐为目的。但也不可片面，过分强调和谐，而建议取消名分差异，在现实中同样行不通。"

1.13　君子凭依

【原文】

有子曰："信近于义①，言可复②也。恭近于礼③，远耻辱也。因不失其亲④，亦可宗也。"

【注释】

① 信近于义：义者，合适、恰当。君子有诚信，则行为就能合义；无诚信则行为失义。信与义互为表里，以至后来信义并用。

② 复：可兑现。

③ 恭近于礼：恭与敬同义，敬是礼之质，恭自然近礼。恭则会尊重他人，也易获他人尊重，所以会"远耻辱也"。

④ 因不失其亲：亲情是生活的最大依靠，父兄姐妹最可信赖。如遭遇坎坷，父兄姐妹们最可能施以援手。所以得志时，不要忘记与家人分享。只要有亲情为靠山，任何生活中的坎坷，都易平安度过。

【翻译】

有子说："诚信接近于义，因承诺能兑现；恭敬接近于礼，可以让耻辱远离；信赖莫过于亲人，亲情最可倚靠。"

1.14　就道以正

【原文】

子曰："君子食无求饱，居无求安，敏于事①而慎于言，就有道而正②焉，可谓好学也已。"

【注释】

① 敏于事：做事敏捷、干练。

② 就有道而正：孔子以培养仁人君子为目标，仁为己任，面向崇高而生。故"食无求饱，居无求安"，不太在意生活享受。仁之崇高，赋予了君子日常生活以意义，并规划出君子生活的正道。贪图享受和夸夸其谈，都是没有教养的表现，君子之正道就是：为了让天下人生活得更美好，而奋不顾身。

【翻译】

孔子说："君子志于道：吃不在意饥饱，住不在意俭奢。敏捷地做事，忌言语浮夸。循道而文雅，身正可楷模。这才是好学的典范。"

1.15　富而好礼

【原文】

子贡曰："贫而无谄，富而无骄，何如？"子曰："可也。未若贫而乐，富而好礼①者也。"子贡曰："《诗》云：'如切如磋，如琢如磨。'②其斯之谓与③？"子曰："赐也！始可与言《诗》已矣，告诸往而知来者。"

【注释】

① 富而好礼：君子人格优美的最完美注脚！富而不傲慢、不虚骄、不觊觎、不僭越，常怀着一颗谦卑之心、同情之心、悲悯之心、慈善之心，这就是孔子所倡导的伟大的君子人格。

② 如切如磋：引自《诗经·卫风·淇奥》。

③ 其斯之谓与：说的就是这种意思吗？

【翻译】

子贡说："人贫而不失节谄媚，富而不炫耀骄横，是否足够？"孔子答："已十分难能，但如能清贫而乐道，富贵而知礼，那就会更好。"子贡又问："《诗》曰：'如切如磋，如琢如磨。'讲的是否为此意？"孔子说："好啊子贡！已经可以和你讨论《诗》了，告诉你过去，你已经能联想到未来了。"

1.16　患不知人

【原文】

子曰："不患人之不己知①，患不知人也。"

【注释】

① 不患人之不己知：在孔子看来，与人相处，沟通最关键。有效的人际沟通，是实现与他人和谐相处的前提。人与人的隔阂，往往产生于误解，多从自己身上找原因，并从自己做起，由自己来想办法消除误解，是人能否与他人和睦相处的关键。不要老埋怨别人，问题可能就出在自己身上。

【翻译】

孔子说："君子不必担心不被理解，而更应该担心的是不懂理解别人。"

第二篇　为　政

【题解】

综观"为政"全篇内容，取名"资政"或许更妥帖些。全篇 24 章，反映孔子政治思想及其哲学的篇幅为 7 章，论君子人格亦为 7 章，论孝 4 章，论学 4 章，其他 2 章。所以本篇的主题是政治，它或可以理解为"学而"的副篇。

政治说到底是一种公共权力现象，是统治集团使用被声称代表人民利益的权力，来普遍地支配和号令民众的国家行为。政府的所有官员都是统治集团的组成部分，他们要支配民众就必须让民众服从，他们实际上是在综合地使用如下手段：

1. 以力服人，使用暴力恫吓的手段，让人民在恐怖的气氛中服从。这是最原始、最野蛮、最不人道的政治统治。

2. 以利服人，主要是通过利益诱惑之手段，让人民服从其统治。

3. 以理服人，因为人是理性的动物，所以人具有自觉服从说理的习惯。执政者主要通过对自己主张的阐述，让民众自觉地服从当政者所说之理。

政治的行政行为，最早时期可能也主要以威吓为主，后来发现利诱和说理比纯粹的恫吓更有效，便开始告诉民众，服从自己的统治，能够给他们带来哪些好处，即是希望通过劝说的方式，来让民众接受自己；最后发现政治的劝说，仅靠欺骗、忽悠是不能维持下去的，真正稳固的政治秩序，要靠民众对自己真心实意地拥护，这必须通过实实在在为民谋利的行为才能赢得，于是政府赢得民众支持和拥护的方式，就变得越来越文明。

现代国家的治理行为，是以上三种手段的综合运用，以让民众建立起对政府的畏惧、感谢和崇敬的心理，只有这样的政府，其权威才可能建立起来，进而才可能对整个社会实施有效的管理。

孔子认为：暴力强制和利益诱惑，都不可能达到人对人征服的最高境界，最高的境界乃是一种以心对心的征服，达到被支配者对征服者的心悦诚服。为政者应该主要以自己的德行来征服民众，只要为政者表现出高尚的德行来，民众一定会"近者悦，远者来"，真心诚意地追随着你。

"德"在中华文明体系中，是一个既古老又核心的观念。在中华文明黎明的周初时期，以周公为代表的知识分子群体，天才地提出了"德配天命"的伟大思想。指出：君王只有有德，才能够配享"天命"。其直面"权力合法性"难题的勇气，以及解决这一难题的智慧，都令华夏民族后代的子孙们景仰不已。孔子以继承文王、周公之"文"为己任，完整继承并发扬光大了"德配天命"思想。

德为何可以使人服？人的体貌特征、籍贯乡党、家庭地位等自然信息，构成关于某人的自然人格；而与人交往，在大家心目中倒映出的印象，经过生活圈的共识化，便构成关于某人的精神人格；人格是自然人格与精神人格的交叠。君子修德就是通过改善精神人格，来在人们的心中树立口碑，即消除负面印象，提高行为认同。君子希望能够在人们心中留下美好，并以此化人育人，改良社会。而君子以美德来改良社会的过程，就是其以德服人的过程。

孔子在回答鲁哀公"民何以服？"的问题时，不仅强调了用人在政治权威建立过程中的重要性，而且提出了"举"的政治主张。所谓"举"就是要发动所有在任官员来为当政者举荐人才，而鉴别人才的标准是贤，即是要通过举的政治程序，把贤者发掘出来，并打破权力分配的世袭传统，让贤者能够居于社会之"尚"位，即所谓"尚贤"。孔子的"尚贤"思想，统领着华夏政治文明的发展，是中华文明传统中最重要的精神遗产之一。

2.1　为政以德

【原文】

子曰："为政以德，譬如北辰居其所①，而众星共之②。"

【注释】

① 北辰居其所：北斗星位居中央。

② 众星共之：孔子认为，统治的最高境界，应该是民众像仰望北斗、众星拱卫那样，真心拥戴君王，真心实意地团结在执政者周围，并视君王为自己的领袖。

【翻译】

孔子说："为政者当以德行政，好似北斗星，居其中央，让众星拱卫。"

2.2　《诗》思无邪

【原文】

子曰："《诗》三百①，一言以蔽之，曰：'思无邪②'。"

【注释】

① 《诗》三百：中华文明是一个诗情画意的文明，诗歌的传统源远流长，并流传下来丰厚的精神文化遗产。《诗经》便是首个将诗歌作为文明遗产加以整理，并存留下来的经典文本。孔子从当时普遍流行的上千首诗歌中，精选了三百零五首，编辑成可用于教学的本子。这个本子在当时很快就流行开来，后来"引诗"成了诸侯国交往的一种时髦。

② 思无邪：《诗》为何"可以成就思想于纯正"？这可能与孔子编撰《诗》的初衷有关。为了能与培养仁人君子的教育目标相配合，孔子选诗的内容，必须坚持以"正心"为标准，以培养人的高尚情操为价值导向。以致成就了《风》的灵动、《雅》的高尚、《颂》的庄严。

【翻译】

孔子说："《诗》三百篇，一句话概而言之，即'可成就思想于纯正'。"

2.3 道之以德

【原文】

子曰："道之以政，齐之以刑，民免而无耻；道之以德，齐之以礼，有耻且格①。"

【注释】

① 有耻且格：美国学者顾立雅指出："'道之以政，齐之以刑，民免而无耻；道之以德，齐之以礼，有耻且格'是孔子政治哲学的基础。孔子认为：国家是一项协作事业，官与民都必须参与共识的凝聚和福利的分配。统治者不必用惩罚，而应该用榜样的作用；不需要强制命令，而只需教育和劝谏。

国家不应该以警察为主体，而应当以协调为中心；官民之间不应该相互对抗，而应该相互理解、适应和协调。"（见高专诚译《孔子与中国之道》，山西人民出版社 1992 年版，第 213 页，原文已重译。）

【翻译】

孔子说："用政令治国，以刑范民，民可免于刑罪，但无羞耻感；以德行治国，以礼范民，民能有廉耻，且能有尊严。"

2.4　夫子心路①

【原文】

子曰："吾十有五而志于学，三十而立，四十而不惑，五十而知天命，六十而耳顺，七十而从心所欲不逾矩。"

【注释】

① 心路：即孔子的德修之路。他虽一生经历坎坷，但其德修之路则显得平和而纯净。十五发愿志学，三十立乎其大，四十上下求索，五十心契幽明，六十有容乃大，七十雍和而敦化。孔子的德修之路，为中华读书人的精神上进树立了标杆。由此而后，学孔子而做君子，甚至读《论语》而做君子，便成为中华文明永恒不变的主旋律。

【翻译】

孔子说："我十五岁发愿向学，三十岁立仁人宏愿，四十岁还在摸索前行，五十岁已明白此生使命，六十岁可从容达观，七十岁可达逾越规范、雍和敦化了。"

2.5 "无违"之孝

【原文】

孟懿子①问孝，子曰："无违②。"樊迟③御，子告之曰："孟孙问孝于我，我对曰：'无违。'"樊迟曰："何谓也？"子曰："生，事之以礼；死，葬之以礼；祭之以礼。"

【注释】

① 孟懿子：孟僖子之子，名仲孙何忌。

② 无违：孔子以"无违"答孟懿子问孝，他又进一步以"不违礼"加以解释，并无"不违背父母意志"之意。从生命契合意义来理解，父母与子女间的关系，应是血脉亲情基础上的对等互爱。后来发展出的"孝顺"，未必符合孔子思想。

③ 樊迟：又名樊须，小孔子 36 岁。《论语》中孔子与樊迟的互动较多，但给人印象：樊迟对孔子教导的理解，较为迟钝。

【翻译】

孟懿子问孝，孔子说："无违。"樊迟替孔子驾车，孔子说："刚才孟懿子问孝于我，我告诉他：'无违。'"樊迟问："何意？"孔子说："对父母，生时依礼而养；死时依礼而葬；然后依礼而祭。"

2.6　父母唯疾

【原文】

孟武伯①问孝，子曰："父母唯其疾②之忧。"

【注释】

① 孟武伯：前文孟懿子之子。

② 疾：害怕、恐惧。本章孔子以"不让父母为你担忧"来论孝，他认为：儿女最大的孝，莫过于让父母省心。因为父母与子女之间，有一种"存在交叠"的关系，子女之痛，往往会痛在父母心上。子女们生活中的喜怒哀乐，无一不让父母牵挂。后人说"身体发肤，受之父母"，就是从这种共在意识而演绎出来的。但共在又往往会模糊个人权利边界，这与现代主流文明不甚相容。

【翻译】

孟武伯问孝，孔子说："父母最害怕的是，子女有忧愁。"

2.7 敬养之孝

【原文】

子游①问孝，子曰："今之孝者，是谓能养。至于犬马，皆能有养，不敬，何以别乎②?"

【注释】

① 子游：名言偃，吴人，小孔子45岁，孔门最重要弟子之一。以"文学"而跻身"孔门十哲"，并名列子夏之前。后来其思想被子思、孟子学派所继承。

② 何以别乎：孔子指出，今人所理解的孝，通常只指能够赡养父母。但这仅是从动物意义上来理解的孝。而人区别于动物，在于人具有十分细腻的情感，而这种情感表现在侍奉父母行为中，即为敬。没有敬爱之情，只讲赡养，就是把人贬低到动物的水平。

【翻译】

子游问孝，孔子说："今人以为，能赡养即为孝。犬马之类，对长辈也知道养。没有敬，岂有区别?"

2.8　子夏问孝

【原文】

子夏问孝，子曰："色难①。有事，弟子服其劳。有酒食，先生馔，曾是以为孝乎？"

【注释】

① 色难：所谓"色难"，指始终在父母面前保持一种"和悦"之色难，即所谓"久病床前无孝子"。

【翻译】

子夏问孝，孔子说："父母面前，和悦之色保持难。那种父母有事，打发弟子代为侍奉；宴请宾客，打发父母先用餐的做法，哪儿有孝的味道？"

2.9　回也不愚

【原文】

子曰："吾与回①言，终日不违，如愚。退而省其私亦足以发②，回也不愚。"

【注释】

① 回：颜回，亦名颜渊，是孔子最得意的弟子，名列"孔门十哲"之首。孔子与颜回间，存在着高度的生命契合。所以孔子始终对颜回欣赏有加，而颜回对孔子教诲的领悟，也达到一种心有灵犀的程度。孔颜之间，由于存在着生命默契，沟通交流可随心所欲，举手投足间，都可以传情达意。

② 省其私亦足以发：私下里进行生命体贴，并形成独特的生命感悟。

【翻译】

孔子说："我与颜回讨论，他很少表达异议，似无主见。但回去后，他却用命体贴，决不盲从。颜回绝不是愚钝之人。"

2.10 人焉廋哉?

【原文】

子曰："视其所以，观其所由，察其所安，人焉廋哉①? 人焉廋哉?"

【注释】

① 人焉廋哉：人品如何隐瞒？孔子看来：察人之明，君子必备。无察人之明者，不敢自诩为君子。观察人之品行，主要看他的言行。如帮助了别人后，喋喋不休地表白，生怕人不知，其人品肯定较差。再如未能践诺，而造成伤害，自己却深深地自责，并致力于弥补过失，他肯定是诚信之人。反之心安理得，人品肯定有问题。

【翻译】

孔子说："考察人的品行，先看他如何做事，再分析他为何如此，最后观察他事后心态。若如此，人的德行品质，如何隐瞒？如何能隐瞒？"

2.11　温故知新

【原文】

子曰："温故而知新①，可以为师矣。"

【注释】

① 温故而知新：经验是人们对过去生活的领悟，这些领悟经过反复验证，就变成了常识。为师者首先要十分熟悉常识，并经常温习之，即所谓"温故"。温故的目的在于"知新"，即获取活好当下、预知未来的灵感。合格的教师，应该通过温故而理解人们生存之当下，并为更好的未来提供建议。人们温故是为了知新，温故也是知新的必要条件。

【翻译】

孔子说："通过温习常识而获取活好当下、预知未来的灵感，就可以成为合格的教师。"

2.12　君子不器

【原文】

子曰："君子不器①。"

【注释】

① 器：器即器皿，其功在用。而君子首先应自立，即具有独立的人格，这包括珍视自己的自主意识，不放弃独立思考的权利，愿意为捍卫自己的独立见解而付出任何代价等。爱惜人格独立，是君子人格理论的精髓。君子不可能成为工具，不可能被某人或某种势力所利用。容易给别人当枪使的人，绝无成为真君子的可能。

【翻译】

孔子说："君子不可以被人利用。"

2.13　有诺先行

【原文】

子贡问君子，子曰："先行其言，而后从之①。"

【注释】

① 先行其言，而后从之：这里的言，指诺言。君子不说空话，有许诺就必须做到，然后再许新的诺言。一诺千金，是君子人格最闪光的底色。

【翻译】

子贡问如何做君子，孔子说："先把已有的承诺兑现，再做新的许诺。"

2.14　周而不比

【原文】

子曰："君子周而不比①，小人比而不周。"

【注释】

① 周而不比：孔子认为，君子以公道、正派的品格示人，与人相处必须保持人格独立，不该有偏私之爱，更不应该为了利益而与他人结为同盟。

【翻译】

孔子说："君子公道无私不结盟，小人因利结盟不公正。"

2.15 学思相长①

【原文】

子曰："学而不思则罔，思而不学则殆。"

【注释】

① 学思相长："学"者，闻见感知，即康德所谓"知性"；"思"者，理性反思。停留在知性水平上，学所获甚少，故谓之"罔"；但没有闻见感知做基础，思则只能是无源之水、无本之木，即思之枉然，故谓之"殆"。孔子倡导君子之学，学与思相互促进。

【翻译】

孔子说："无思之学白费劲；无学之思也枉然。"

2.16 攻乎异端

【原文】

子曰："攻乎异端，斯害也已①。"

【注释】

① 斯害也已：孔子性格温和，柔中寓刚，对于异见，主张要宽容。认为：异见间的交锋与争鸣，是精神健康的表现。而消灭思想异端，是在扼杀精神创造。

【翻译】

孔子说："打击不同见解，这十分有害。"

2.17   求知之正

【原文】

子曰："由①，诲女知之乎：知之为知之，不知为不知，是知也②。"

【注释】

① 由：仲由，字子路、季路，鲁卞人，小孔子 9 岁。是孔子的仅次于颜回的重要弟子，以"政事"列"孔门十哲"。孔子与子路的关系，十分有趣。子路的忠勇，孔子十分欣赏。但很明显，孔子与子路之间，又找不到孔子与颜回间的那种生命契合。所以孔子常批评子路，而子路对孔子的理解，也经常出现障碍，譬如"子见南子"时，子路就表现为不悦；孔子在谈论"必也正名乎"时，子路批评孔子"迂也"等。二人相互信任、相互肯定，甚至相互依赖，但似乎在心灵相通、相互理解方面又存在着某些遗憾。

② 是知也：什么是正确的求知态度？孔子指出：有知别掩饰，无知别冒充，以诚恳的态度对待知识，这就是求知之正道。在生活中，有多少藏拙伪智，又有多少大言冒充！这些人所走的，都是求知的邪道。

【翻译】

孔子说:"仲由,告诉你如何求知:知道就坦陈观点,不知道就虚心听着,此即正确的求知方法。"

2.18　禄在其中

【原文】

子张①学干禄②,子曰:"多闻阙疑,慎言其余,则寡尤;多见阙殆,慎行其余,则寡悔。言寡尤,行寡悔,禄在其中③矣。"

【注释】

① 子张:颛孙师,陈人,小孔子48岁。在孔门弟子中,子张天资聪颖,年龄最小,深得孔子眷顾,可也始终不让孔子满意。

② 干禄:何为"干禄"? 朱熹解为"求禄",似乎欠妥。孔子以"寡尤""寡悔"来论"干禄",得禄之"干"似乎有"心安"之谓。由问题意识思考,问夫子该如何得到俸禄,也不该是孔子弟子之所为。所以"干禄"之"干",应该为"合于义"。

③ 禄在其中:禄合于道义。孔子答:要多闻、多见而慎言、慎行,于是就可以心安理得地获取报酬。此种追问,在当今之世不依然十分有意义吗?

【翻译】

子张问:如何让得禄安心? 孔子说:"从政者,多听就没有疑问,少说多做,就不用担心;博采就不会懈怠,做事谨慎,就很少后悔。言而少忧,行而少悔,你的禄之所得,就一定符合道义之中。"

2.19　民何以服?

【原文】

哀公①问曰:"何为则民服②?"孔子对曰:"举直错诸枉,则民服;举枉错诸直,则民不服。"

【注释】

① 哀公:鲁哀公,春秋时期鲁国的最后一位君主。

② 民服:所谓"民服",即政治权威得到认同。孔子认为:政治权威的建立,关键在于用人,如果选择正直、正派、公正之人当政,民自然就服;反之选择心术不正之"枉者"当政,政治权威就建立不起来。

【翻译】

鲁哀公问:"如何能让民众服从?"孔子说:"举荐正派公道之人,让不正派的人没有机会,民众自然会服;反之用不正派的人,让正派人没有机会,民众就会不服。"

2.20 季氏礼贤

【原文】

季康子①问："使民敬，忠，以劝②，如之何?"子曰："临之以庄③，则敬；孝慈，则忠；举善而教不能，则劝。"

【注释】

① 季康子：康子是季氏在鲁国的第五代专权者，壮年时的孔子，曾因为与季桓子政见不合而被迫辞官，开始他长达14年的政治流浪生涯。现康子遵父遗嘱，将已誉满天下的孔子接回鲁国，并以国老之礼待之。因为"礼贤"的理由，康子还必须时常向孔子"问政"，孔子也竭力扮好"国家顾问"的角色。权力对"贤者"的谦卑，表现的是权力对文明传统的谦卑。任何时代，权力都没有对文明传统表现傲慢的资格！

② 以劝：听从劝勉。

③ 临之以庄：当政者给民以自重庄严的形象。

【翻译】

季康子问："让民众对当政者尊敬、忠诚、听劝勉，如何才能做到?"孔子说："以庄重示民，民能有敬；以孝慈示民，民能有忠；施政举善良、兴教化，则民能听从劝勉。"

2.21   奚不为政

【原文】

或谓孔子曰:"子奚不为政①?"子曰:"《书》云:'孝乎惟孝,友于兄弟,施于有政。'是亦为政,奚其为为政?"

【注释】

① 奚不为政:即为什么不从政? 家国同构,是儒家政治理论的重要特色。不过传统之"家",是个大家族,各种人际关系之复杂,处理起来的难度也不亚于治国。孔子也是在此意义上,回答疑惑者有关"奚不为政"之提问的。

【翻译】

有人问孔子:"您干吗不从政?"孔子说:"《尚书》说:'孝呀孝,既能友爱于兄弟,又可扩充为施政。'能够处理好人际关系,就是为政,难道还有比它更复杂的政事吗?"

2.22　信如轨轫

【原文】

子曰："人而无信，不知其可也。大车无轨①，小车无轫②，其何以行之③哉？"

【注释】

① 轨：大车辕前横木。

② 轫：辕前端与车横木衔接处的销钉。

③ 何以行之：诚信，乃人与人合作的基础。无诚信，人们在交际的过程中相互提防，则心累矣。故从做人的意义言，人无信不立，正如车之无轨与轫一样，不可立与行。

【翻译】

孔子说："人如没有诚信，做事就无法预期。这正如大车缺了轨，小车缺了轫一样，如何能够行走？"

2.23 十世可知

【原文】

子张问："十世①可知也?"子曰："殷因于夏礼②,所损益可知也。周因于殷礼,所损益可知也。其或继周者,虽百世可知也。"

【注释】

① 十世:每世三十年,十世三百年。

② 礼:此"礼",泛指社会制度。王朝更替,必有制度的更新,又有制度的延续。从延续中辨析更新,即是从相因中辨析损益。孔子依据自己对制度沿革的独特把握,大致可以清晰知道朝代更替过程中的制度损益,所以有信心回答子张关于"十世之礼是否可知?"之提问。

【翻译】

子张问:"三百年前之礼还可知吗?"孔子说:"殷礼沿袭于夏礼,其所损所益依稀可辨;周礼沿袭于殷礼,其所损所益亦依稀可辨。有周以来之礼,虽历百世之沿革,其发展脉络也会清晰可辨。"

2.24　勿谄勿怯

【原文】

子曰："非其鬼而祭之①，谄也。见义不为，无勇也。"

【注释】

① 非其鬼而祭之："非其鬼而祭"者，多为谄媚，即为讨好"鬼"背后的权势。譬如某老板为了利益，而以感情贿赂某权贵，不惜为过世的权贵之父披麻戴孝，并最终拿到了他所想要的好处。这便是典型的"非其鬼而祭"，故谓之"谄"。

【翻译】

孔子说："不当祭而祭之，谄媚；见义而不敢为，怯懦。"

第三篇　八　佾

【题解】

"八佾"全篇中心内容是"礼","崇礼"当为本篇主题。

周公制礼的初衷，是要解决周天子政治权威被认同的问题。封建诸侯之后，各诸侯如何以周天子为共主，必须依靠制度来保证。于是每年的朝见就不可免，周公通过一系列奏乐、献舞等仪式，来表达周天子对诸侯们的敬意，进而换取诸侯们对周天子权威的认同。所以示敬是周公制礼作乐的初衷，只是后来人们觉得这套规矩很好，于是礼的规矩就延伸到整个上流社会。

礼治文明的核心精神是"尊敬"，倡导弱者尊重强者，更强制要求强者尊重弱者。故《曲礼》曰："虽负贩者，必有尊也。"由礼治秩序而建构的文明，是一种以个人尊严为本位的文明。在以周公为代表的儒学奠基者们心中，人的人格与尊严是至高无上的，它比人的生命更加有价值。如果人人都能够学会尊重他人，这样每个人都会活得有尊严。而每个人都有尊严地活着的社会，才是人们心目中的理想社会。

从周公制礼作乐到孔子所生活的春秋晚期，经历了五百余年。而一种制度在经历了长时间的运行之后，其制度的弊端，便慢慢地显露了出来。这些弊端主要表现在：

1. 由于礼治秩序对人们觊觎之心的抑制乏力，于是到了春秋末，以"子弑父，臣弑君"为特征的血案频发。而每一件弑父、弑君血案，都会伴随着以政治权力转移为特征的社会政治大动荡。而每一次政治动荡，都会伴随着腥风血雨的政治大搏杀。这些政治搏杀，又同时是以生灵涂炭、民生多艰的社会苦难为背景的。

2. 由于人们普遍缺乏对礼治文明背后人文精神的认同与敬畏，于是社会的强者们，包括权力的拥有者、财富的拥有者以及其他社会尊敬的拥有者，他们往往不是社会宽容精神的践行者，而是社会僭越行为的代表者。他们主要以权力的傲慢、财富的傲慢、话语权的傲慢等方式，表达他们对权力获取、财富获取以及荣誉获取的不满足，进而刺激社会底层民众对上层社会乃至对整个社会的不满，以致造成整个社会的阶层仇视与对立。

3. "以礼为理"本应该成为人际交往的说理平台，尤其应该成为弱者们保护自己人格尊严的工具。但到了春秋末，"无礼"变成强者们欺凌弱者们的借口。读《春秋》我们会了解到：许多强权大国为了对弱小邻国发动侵略，其借口往往就是小国对其"无礼"。而许多专权大夫为了实现其篡位夺权的目的，其发动政变的理由也往往是君王"无礼"。

面对着如此"礼崩乐坏"的局面，孔子没有把体现为社会行为规范的礼，作为自己批评与批判的对象。而恰恰相反，孔子的做法首先是肯定作为文明传统的礼之存在的合法性及正当性。孔子追问以文王、周公为代表的周初先贤们，他们创制礼治文明，其初衷的人文精神究竟是什么？今天人们所尊崇的礼与"礼之父"们的初衷是否相违背？如果相违背，那么我们该怎么办？是将礼治文明作为历史遗迹从人们的生活中清除出去呢，还是继承与弘扬礼治文明的人文传统，把不符合礼治文明传统的行为与表现清除出去呢？孔子所选择的显然是后者。

孔子的具体做法是"以仁释礼"，即通过将"仁者爱人，泛爱众"的人文精神，注入人文精神丧失殆尽的礼治文化，以图让礼治文化的老枝，焕发新的生机，并生发出新的生命活力。孔子的伟大文化创意，使已濒临精神资源枯竭的"礼"，又得以置之死地而后生。通过孔子的卓越努力，华夏文明之活的传统——斯文，得以重新复活。

在孔子的心目中，礼治秩序的核心精神是：维护人的尊严。只是因为人的尊严被侵犯，主要会发生在强者与弱者之间，而且主要表现为强者侵犯弱者尊严，所以孔子才提出"己所不欲，勿施于人"，请求强者们要学会将心比心，推己及人。孔子努力之初衷，后来得到社会的广泛认同。故后来仁与义的范畴，逐渐取代礼，成为社会的主流话语。但礼之范畴，由于对文化传统的承载，而被保留了下来，并把传统中诸多有害因素，也一并地保存了下来。这就为汉以后，人们为了适应大一统政治现实之需要而进一步扭曲传统提供了可能。

需要指出的是，礼治文明与西方由法治秩序而成就的文明，在本质上差异明显，因为西方法治文明，以个人权利为本位；而礼治文明，则是以个体尊严为本位。虽然说无论是权利本位还是尊严本位，其初衷都是要保护弱者。但是由于两种文化对强者欺负弱者现象的观察角度不同，所带有的先天观念也不同，因而对同一事件的事实认定，会造成东西方视角之间的严重偏差。这是我们当今社会，由于东西方文化观念的冲突，而造成人与人之间说理极度困难的根本原因之所在。人们往往在情、理、法的三个层面上，出现对人与事理解与认同上的尖锐对立。这是我们在文化自信心恢复后，所必须面对的一种文化与心理上的困境。

3.1 八佾舞庭

【原文】

孔子谓季氏①："八佾②舞于庭，是可忍也，孰不可忍③也！"

【注释】

① 季氏：此季氏应为季平子，即季孙意如。

② 八佾：一种64人参跳的舞蹈阵式，属周天子专用。

③ 孰不可忍："八佾舞于庭"之关键在于僭越，人普遍有僭越之心，但如季氏这样放肆的任性者，依然鲜见。孔子发出"是可忍也，孰不可忍也！"的愤怒与感叹，也不仅仅是针对季平子僭用天子之礼，更是针对季平子任执政大臣的全部所作所为，尤其是将国君鲁昭公驱逐出国境、使其客死他乡的行为。

【翻译】

孔子谈起季氏说："八佾岂能在他家的厅堂上舞起，如此僭越若能忍受，还有什么不可以忍受！"

3.2　奚以《雍》彻

【原文】

三家①者以《雍》②彻。子曰："'相维辟公，天子穆穆'，奚取于三家之堂?"

【注释】

① 三家：指鲁国以季氏为首的三大家族，包括孟孙氏、叔孙氏。

② 《雍》：为周天子专用之乐，"相维辟公，天子穆穆"是《雍》乐之词，大意是：诸侯助祭，天子主持。本章延续僭越违礼的话题，《雍》公然响彻于"三家"之堂，让孔子既愤怒，又无奈。

【翻译】

三家常演奏《雍》，孔子说："'相维辟公，天子穆穆'，怎该在三家的厅堂上被听到?"

3.3　仁而礼乐

【原文】

子曰："人而不仁①如礼何? 人而不仁如乐②何?"

【注释】

① 不仁：没有仁爱精神，本章孔子追问礼乐背后的人文精神。

② 乐：履乐，伴乐而舞，与民同乐。

【翻译】

孔子说："做人无仁爱如何能守礼？做人无仁爱如何能履乐？"

3.4 礼本之问

【原文】

林放①问礼之本②。子曰："大哉问！礼，与其奢也宁俭；丧，与其易也宁戚③。"

【注释】

① 林放：鲁清河人，孔门弟子。

② 礼之本：孔子认为，礼之本者，本于人情。孔子试图通过以仁释礼，为礼文化注入人情因素，让那些有悖于人情之礼，逐渐地被消除掉，而让那些符合人情，但又受主流文化压抑的东西，逐渐得到理解和接受，并进而成为社会规范。

③ 与其易也宁戚：易，原意为治，指治理丧事，引申为注重仪式细节。戚，指心有悲痛。

【翻译】

林放问礼之本，孔子说："大问题！礼仪，与其奢华，倒不如俭朴；丧葬，与其繁文缛节，倒不如真正悲伤。"

3.5　狄夏之别

【原文】

子曰："夷狄①之有君，不如诸夏②之亡也。"

【注释】

① 夷狄：以华夏为核心，东方为夷，北方为狄，通常指文明的化外地区。

② 诸夏：孔子时代的"诸夏"，是以文明划线而形成的共同体，礼文化的通行和熏陶，是夷狄与诸夏的根本区别。夷狄学诸夏，只学习诸夏设置君王，误以为有了君王的权威与统治，他们也就可以成为文明人，这没有学对地方。诸夏文明的核心是礼治，礼作为文明规范，规范着权力，规范着强者，体现着社会的良知与公平正义，这些才是诸夏文明的本质。

【翻译】

孔子说："夷狄之有君而稳，仍不比诸夏之无君而乱。"

3.6 季氏旅祭

【原文】

季氏旅于泰山①。子谓冉有②曰："女弗能救与？"对曰："不能。"子曰："呜乎！曾谓泰山不如林放乎？"

【注释】

① 季氏旅于泰山：此季氏当为季康子。旅，为一种祭祀山神的仪式。旅于泰山，只有君主才有资格。

② 冉有：名冉求，字子有，鲁人，小孔子 29 岁。擅理财，以"政事"列"孔门十哲"。孔子认为：礼本于敬，僭越是对礼的文化精神的扭曲与亵渎。冉有为季氏宰，但对季康子明显的僭越行为未能制止，这让孔子感到十分不满。

【翻译】

季康子旅祭于泰山，孔子问冉有："你没有办法阻止吗？"冉有说："没有办法。"孔子感叹道："唉！难道泰山之主神还不如林放吗？"

3.7 争也君子

【原文】

子曰："君子无所争，必也射①乎？揖让而升，下而饮，其争也君子。"

【注释】

① 射：射争之礼。孔子不像老子那样，否弃一切形式的"争"。而认为：在公平、公正的游戏规则之下，君子是可以争的，但以不败坏君子品德为前提。而像射那样的游戏，便符合君子之争的要求。其实，儒家倡导积极入世，不争何以可能？功名乃儒者平生所追逐的对象。但功名之争能否建立在公平、公正游戏规则的基础之上，完全取决于制度建设。后来科举制的创立，就为儒生们搭建了一个较为公平、公正的竞争舞台。

【翻译】

孔子说："君子不参与无规矩之争。而射礼，登台前需作揖，射完台下需饮酒。其争尽显君子风采。"

3.8　绘事后素

【原文】

子夏问曰："'巧笑倩兮，美目盼兮，素以为绚兮。'①何谓也?"子曰："绘事后素②。"曰："礼后乎?"子曰："起予者商也，始可与言《诗》已矣。"

【注释】

①"巧笑倩兮，美目盼兮，素以为绚兮"：诗句引自《诗·卫风·硕人》。

②绘事后素：底色纯净之白绢，才能够使画工画出绚烂多彩的美丽画卷。子夏所追问的，正是礼文化背后的那圣洁、纯净、高贵的人文精神。

【翻译】

子夏问："'巧笑倩兮，美目盼兮，素以为绚兮。'何意?"孔子说："画工之白绢。"问："像礼后面的精神?"孔子说："子夏之问对我很有启发，看来可以开始和你讨论《诗》了。"

3.9　沿革足征

【原文】

子曰："夏礼吾能言之，杞不足征①也；殷礼吾能言之，宋②不足征也。

文献不足故也。足，则吾能征之矣。"

【注释】

① 征：研究、辨析。孔子，作为华夏民族文化的革新者，对革新传统文化有一系列的倡议。但孔子又始终以传承道统为己任，他不愿意割裂传统，并尽可能地通过对历史文献的详尽研究，来把握文明传统的发展脉络。孔子的这份对文明传统的敬畏，为华夏民族的读书人树立了典范。

② 杞、宋：杞，夏后人之封地；宋，殷商后人之封地。

【翻译】

孔子说："夏礼我能说一些，因为杞地虽文献不足但不影响研究；殷商之礼我能说一些，因为宋地虽文献不足但不足以影响研究。文献是影响研究的关键，只要足够，我就能够把某些古老礼仪研究出来。"

3.10 禘不欲观

【原文】

子曰："禘①自既灌②而往者，吾不欲观之矣。"

【注释】

① 禘：禘祭乃宗庙之大礼，因与政治太近，经过历代君王及祭师的增益，到孔子时代，已变得十分繁复，这让孔子很厌烦。

② 灌：禘礼过程的一个环节。

【翻译】

孔子说："禘礼从灌以下，我实在不愿看下去。"

3.11　指禘于掌

【原文】

或问禘之说。子曰："不知也。知其说者之于天下也，其如示诸斯①乎？"指其掌。

【注释】

① 示诸斯：就这样（指手掌），指治天下于手掌之中。这显为戏谑之言，言下之意是，掌握禘祭之礼，其难度不亚于治理国家。

【翻译】

有人问："禘礼可有说法？"孔子说："我不知道，如能知其说，治理天下还不如此吗？"指其手掌。

3.12　祭如神在

【原文】

祭如在①，祭神如神在。子曰："吾不与祭，如不祭。"

【注释】

① 祭如在：祭祀是生者寻求与往生者、有灵者进行的心灵沟通，既然是寻求沟通，心必须诚，须设定对方之灵就在面前，否则沟通没任何意义。而请人代祭，则完全不符合灵对灵沟通的要求，故孔子坚决反对。

【翻译】

祭祀要当对方在场，即祭神灵，仿佛神灵就在。孔子说："如我不亲自参与祭祀，那此祭对我没任何意义。"

3.13　无所祷也

【原文】

王孙贾问曰："'与其媚于奥，宁媚于灶。'①何谓也？"子曰："不然。获罪于天，无所祷也。"

【注释】

①"与其媚于奥，宁媚于灶。"：媚，求祷。奥，奥隅，为主人之所寓。灶，灶头之神。"与其媚于奥，宁媚于灶。"可能是种时传，大意是：求于奥隅不如直求灶头。奥隅为主人寓所，而灶头之神可护佑于人。王孙贾问义于孔子，据猜测有暗示孔子应该直接求佑于己。孔子明白其用意，却答"不然"以示拒绝。进而说："获罪于天，无所祷也。"意思是：我如果得罪了上天，祈祷有用吗？反之，没得罪于天，干吗祈祷呢？说明孔子做人之坦荡，问心无愧，奈何求天？

【翻译】

王孙贾问："'与其媚于奥，宁媚于灶。'如何理解？"孔子说："不是吧！如获罪于天，祈祷也没用。"

3.14 郁郁乎文

【原文】

子曰："周监①于二代，郁郁乎文哉！吾从周②。"

【注释】

① 监：镜鉴。孔子对"周克大邑商"，以及周公"制礼作乐"的那段历史，有着深切的生命契合。并从这奇迹般的勋业中，提取了他创立"仁学"的智慧。

② 吾从周：孔子与周初那段历史的深切相契，不仅说明人与人可以生命相契，这包括穿越时空的今人与古人，个人与历史活体也同样可以生命相契。历史学家的灵魂，只有与历史的灵魂相遇相契，他才有可能把握住历史，才具有随心所欲裁剪与拼贴历史记忆碎片的权利。

【翻译】

孔子说："周以夏商为镜鉴，其文明厚重博大！我向往周初。"

3.15　子入太庙

【原文】

子入太庙，每事问。或曰："孰谓鄹人之子①知礼乎？入太庙，每事问。"子闻之，曰："是礼也。"

【注释】

① 鄹人之子：叔梁纥（孔子父）的这个儿子。孔子怀真诚的好奇心，对于礼"每事问"。而当此问发生在太庙之地时，便被质疑为"无礼"。但孔子致力于改革礼治文化，一切压抑真诚的礼仪规矩，在孔子看来，都该在摈弃之列。所以孔子对"无礼"的质疑，不以为然。

【翻译】

孔子每次进太庙后，每事必问。有人说："谁说叔梁纥的小子知礼？他进太庙，却每事必问。"孔子听到传言后说："应符合礼。"

3.16　射之古道

【原文】

子曰："射不主皮，为力不同科①，古之道②也。"

【注释】

① 射不主皮，为力不同科：主皮，射穿皮革。力不同科，力气大小不等。

② 古之道：射为君子之竞，非以力竞，而以德竞。不是比力气大，而是比心态好。因为只有心态好，才可能射得准。所以孔子认为：射不应以射得深浅论胜负，而应以中的论胜负，此乃为古之道，其实当为今古之通则。

【翻译】

孔子说："竞射，不必把靶革射穿，因力量各异，此乃古往今来的规矩。"

3.17　我爱其礼

【原文】

子贡欲去告朔之饩羊①。子曰："赐也，尔爱其羊，我爱其礼②。"

【注释】

① 告朔之饩羊：依据古礼，每月初一要宰杀一只羊，用于太庙祭祀，称告朔饩羊。

② 我爱其礼：孔子则坚决反对子贡的想法，在"礼崩乐坏"的历史大变局中，人们的信心、毅力、智慧和勇气都在经受着考验。孔子对传统的信心、对文明的守望及坚持改革的勇气，都令后人倍感钦佩。

【翻译】

子贡想取消每月初一献于太庙的饩羊，孔子说："子贡啊，你爱惜羊，而我更爱惜礼。"

3.18　事君尽礼

【原文】

子曰："事君尽礼，人以为谄①也。"

【注释】

① 事君尽礼，人以为谄：因为人无所不在地处于各种权力结构之中，如何与领导处好关系，对任何人都是大课题。所谓"事君"，就是如何与领导相处。理想的君臣关系，应该建立在朋友的基础上，有生命契合，相互理解与沟通容易，培养起忠诚来也不难。《小尔雅》云："尽，止也。"朱熹把"人以为谄"解读为"让人觉得谄"，显然是不恰当的。

【翻译】

孔子说："事君应止于礼，过了人会以为你在谄媚。"

3.19　以忠报礼

【原文】

定公问："君使臣，臣事君，如之何？"孔子对曰："君使臣以礼，臣事君以忠①"。

【注释】

① 君使臣以礼，臣事君以忠：孔子认为绝对地支配与服从，不是君臣关系的实质，君臣在人格上应该平等。孔子对处理君臣关系的建议是：人格对等，互爱互敬。君不具有任意侮辱臣的权利，因为辱则"非礼"。君有礼是臣效忠的条件，无礼之君，匹夫可杀之。《左传》记述了大量君对臣傲慢无礼，并最终导致臣怒而弑君的血案，都是在诠释孔子的君臣对等思想。

【翻译】

鲁定公问："君使臣，臣事君，该如何做？"孔子说："君依礼使臣，臣以忠报君。"

3.20 《关雎》之雅

【原文】

子曰："《关雎》①，乐而不淫，哀而不伤。"

【注释】

① 《关雎》：《关雎》之所以会被置于《诗经》之首，在于它在遥远的古代，倡导一种文明优美的两性关系。许多蛮族直到近代，还延续着两性结合的暴力抢夺原则，把女性当作战利品来抢夺和赠送。而《关雎》则倡导"窈窕淑女，君子好逑"。主张高贵的求爱行为是："琴瑟友之"，"钟鼓乐之"。即男子应该通过才艺展示，来获取心仪女子的芳心。这种两性平等、文明求爱思想的产生，可以说是标志着一个文明民族的诞生。

【翻译】

孔子说："《关雎》之诗，情怡而淡雅，哀怨却不悲伤。"

3.21　既往不咎

【原文】

哀公问社①于宰我②。宰我对曰："夏后氏以松，殷人以柏，周人以栗，曰：使民战栗。"子闻之，曰："成事不说，遂事不谏，既往不咎。"

【注释】

① 社：火祭之礼。"社"为火祭，松、柏、栗则皆为用材，周人用栗，是否有"使民战栗"之意味，可能也只是一种猜测。但孔子对此解释肯定是十分不满的，因为用恐怖手段来对付民众，孔子根本无法接受，更不符合孔子心目中的那个周。但好像又拿不出更好的解释来驳斥宰我，于是便有了本章之论。

② 宰我：宰予，字子我，鲁人，小孔子29岁，以"言语"而列"孔门十哲"。宰我在孔门弟子中最具独立思考能力，并以善于质疑孔子观点而闻名。

【翻译】

鲁哀公问社礼于宰我，宰我说："听说夏祭之以松，殷商用柏，周人用栗。用意是：使民恐惧战栗。"孔子说："已做毕完成之事，就别再求全责备；势所必成之事，就别再阻挡劝谏；过往久远之事，就别再追究责任。"

3.22　管仲非礼

【原文】

子曰："管仲①之器小哉！"或曰："管仲俭乎？"曰："管氏有三归②，官事不摄，焉得俭？""然则管仲知礼乎？"曰："邦君树塞门③，管氏亦树塞门。邦君为两君之好有反坫④，管氏亦有反坫。管氏而知礼，孰不知礼？"

【注释】

① 管仲：春秋名臣，助齐桓公称霸。孔子对管仲的评价比较复杂，以"礼"来评价管仲，管仲显然"不知礼"。但"不知礼"的管仲，是否就不能成为"仁人"？好像也不是。因为在别处，孔子又以"九合诸侯，不以兵车"的历史功绩，认为管仲"如其仁"，这说明以"知礼"来臧否人物，具有局限性。

② 三归：一种有奢侈之嫌的制度安排。包括"官事不摄"，即不许兼职。

③ 塞门：照壁，院门与房正门间的挡窥之壁，当时只有诸侯方可建。

④ 反坫：一种只用于接待诸侯的室内设置。

【翻译】

孔子说："管仲气量太小！"有人问："管仲俭朴吗？"孔子说："管仲创立'三归'，规定不许兼职，如何俭朴？""管仲知礼吗？"孔子说："国君建'塞门'，他也建'塞门'；国君为结国际友谊而设'反坫'，他也要在家里设'反坫'。如果管仲知礼，那还有人不知礼吗？"

3.23　四如之鉴

【原文】

子语鲁大师乐①，曰："乐其可知也。始作，翕如也。从之，纯如也，皦如也，绎②如也。以成。"

【注释】

① 子语鲁大师乐：孔子知乐，音乐鉴赏水平很高。本章记述了孔子与鲁国首席乐师就听乐感受所进行的交流。

② 翕、纯、皦、绎：翕，音准、和弦；纯，音质纯净；皦，音亮气势；绎，余音袅袅。

【翻译】

孔子对鲁国首席乐师说："品鉴乐曲，首先，识其音准和弦；其次，看其音质纯净；再次，辨其音亮气势；最后，品其余音绵长。俱佳则乐成。"

3.24　子为木铎

【原文】

仪封人①请见，曰："君子之至于斯也，吾未尝不得见也。"从者见之。

出曰："二三子何患于丧乎？天下之无道也久矣，天将以夫子为木铎②！"

【注释】

① 仪封人：卫地某边城之官。孔子 14 年周游列国，宣扬自己的救世主张，让他在民间获得极高的声誉。本章所记，就是他在民间享有口碑的明确证据。

② 木铎：铜质木舌的铃具，以喻设教。

【翻译】

仪封人求见孔子时说："有君子到本地，我无不求见之理。"他见孔子后，对弟子们说："追随孔子，你们怕有何损失吗？天下无道已很久了，夫子就是上天派来设教布道的那个人啊！"

3.25 尽善尽美

【原文】

子谓《韶》："尽美矣，又尽善也。"谓《武》①："尽美矣，未尽善也。"

【注释】

①《韶》《武》：《韶》，传之于三代之乐；《武》，传之于周初之乐。

【翻译】

孔子品鉴《韶》为："尽美了，同时尽善。"品鉴《武》为："尽美了，未必尽善。"

3.26　何以观之

【原文】

子曰："居上不宽，为礼不敬，临丧不哀，吾何以观之①哉？"

【注释】

① 何以观之：心怀天下，并为天下的良心沉沦而焦虑，是孔子君子人格的集中体现。本章记孔子面对"居上不宽，为礼不敬，临丧不哀"的局面，所表现出的痛心疾首之无奈。居上，指有权、有钱、有声望的强者，宽容是强者的权利。临丧，指死父母亲人者。

【翻译】

孔子说："强者们不懂宽容，行礼者不懂敬畏，大丧在身也不显悲痛。这世界让我如何看得下去？"

第四篇　里　仁

【题解】

"里仁"为《论语》的核心篇，取名得当。

"仁"，反映了孔子思想的真正独创性。孔子是如何发现仁的？众所周知的那段极富魅力并具有传奇色彩的"周克大邑商"的历史，是给予孔子信心、智慧和灵感的文化母体。孔子正是从文王、周公的那种上动上苍、下感万民的伟大人格中，提取了发现"仁"、创造"仁"的智慧与灵感。孔子是将"周克大邑商"这一历史事件所体现出来的文化精神（可能带有孔子的一定程度的想象成分），与周初"以德配天命"的政治哲学，所体现出来的人道精神结合了起来，并将其提升为普遍的哲学范畴——仁。

孔子在《论语》文本中所使用之"仁"，虽然语义多重，但最重要意思包括如下方面：

1. "仁"首先是一种足以使人诚服的人格魅力

在孔子看来，"仁"是一种足以让人为之诚服的崇高，是一种以将心换心为武器的征服，因而也是一种人格美的展示，是一种爱的艺术的实践。以文王为代表的周初精英们，用其泽被苍生的无私大爱，不仅征服了岐山脚下的周人，而且征服了他们的邻里各邦，同时还通过牧野一战而定鼎中原。在儒家的视域里，有个如信仰般坚定的信念，这就是：仁人无敌。仁人可以通过无敌之爱，来创造人生的辉煌与奇迹。

2. "仁"是一种承载着价值与意义的人生目标

对于孔子来说，"圣与仁"乃是一种理想的人生境界，是一种值得付出毕生的努力去争取实现的人生目标，是人生命航程中的一座灯塔，是能够赋予人的生命以价值，从而烛照其通向生命辉煌的价值之源、理想之光。所以孔子在评价自己的时候说："若圣与仁，则吾岂敢？"在评价自己学生的时候指出：仅颜回才能"其心三月不违仁"，其他人都是"不知其仁"。仁作为人生目标，人们只能够付出一生的努力去追求，并且永远处于追求成仁的路途之中。

3. 仁还是一个能够为人们的精神提供安顿的家园

一个人如果选择仁为自己的人生目标，这就意味着他可以用一种高尚的人生目标来引领自己的生活。"里仁"就是选择"仁"作为生命理想，这样他的生命就可以在"仁"里居住下来，"仁"可以为我们的生命提供一个"家园"，精神的家园。有了它，我们的生活便有了信仰，我们的生命就有了皈依，我们的灵魂就不再流浪。正如耶稣建议把"入天堂"、佛陀建议把"成佛"作为生命理想一样。

选择"仁"为人生理想，其实就是选择一种人生的信仰。把生命安顿在用"仁"建构起来的精神家园里，其实就是选择一种善意的世界观，正如基督用"罪"、佛陀用"苦"的世界观来观照世界一样，孔子建议我们用"感恩"的眼光来观照生活与生命。孔子与基督和佛陀一样，同样认为人的生命是一个过程。所不同的是，基督用罪恶观点看世界，认为人生就是一个赎罪的过程；佛陀用悲苦的眼光看世界，认为人生就是在苦海中挣扎的过程；而孔子用善意的眼光看世界，认为人生就是一个感恩和报恩的过程。虽然孔子与耶稣、佛陀所看到的"生命实事"不同，但他们都建议人们要用爱与慈悲来回馈他们所生活的世界。

在孔子所建议的"仁"的精神家园里，人们所能够感受到的生活，是用仁爱的温馨所铺满的生命之绿。人生旅程中，由孤独在人们心头所结成的坚冰，则逐渐被爱的春风暖意所融化。孔子劝我们用博大的生命之爱，去拥抱生活，去同情和理解他人，去关爱和尊重每一个生命。在仁的温煦之光的照耀下，我们的日常生活也就会变得温馨可人。我们就会用一种温爱的眼光来看世界，世界也会因为我们的温爱观照，而变得充满温情，变得不再那么的狰狞与可憎，变得时时处处都那么令人欣赏和留恋。世界以何种方式在我们眼前呈现，往往取决于我们以何种眼光和心情来打量它。

仁者不把这个世界看成充满罪恶，也不把人生看成苦海无边，并不等于仁者要抹杀世界的罪恶与人生的苦难，而只是不认为这个世界的本质就是罪恶，人生的本质就是苦难而已。仁者觉得，那样看世界与人生，不外乎是要消解我们的生活勇气，抹杀我们生存的意义。而仁者更愿意看到这个世间的美好，看到更多值得我们珍惜和在意的事与物，因而更愿意活得充实和积极。也是在此意义上，我们才可以理解孔子说的："我欲仁，斯仁至矣。"意思是说，只要我们愿意用善意的眼光来打量世界，仁就会在我们的心中，仁爱也就会来到我们的生活里。

4.1　里仁为美

【原文】

子曰："里仁为美①！择不处仁，焉得知！"

【注释】

① 里仁为美："里"即居住，"仁"如何居住？就是让精神安顿在"仁"里。人生所需的家园其实有二：一为物质家园，一为精神家园。物质家园安顿身体，精神家园安顿灵魂。失去物质家园，会流落街头，或四处流浪；心灵得不到安顿，灵魂也会流浪。

【翻译】

孔子说："选择把心灵安顿在仁里，这十分美好！心灵不选择在仁里居住，哪有智慧！"

4.2　仁者安仁

【原文】

子曰："不仁者，不可以久处约，不可以长处乐①。仁者安仁，知者利仁。"

【注释】

① 不仁者，不可以久处约，不可以长处乐：不仁者，缺乏高尚目标为引领，遭遇到人生逆境时，就难免放纵堕落；而顺境时，又会骄狂任性。因为没有精神家园，心得不到安顿。一遇上挫折，就自暴自弃；而偶遇成功，又会忘乎所以。

【翻译】

孔子说："不仁者，经不起长时间倒霉，也经不起长时间走运。仁者因仁而安，智者依仁而利。"

4.3　仁能好恶①

【原文】

子曰："唯仁者能好人，能恶人。"

【注释】

① 仁能好恶：选定仁为理想，生命就会以崇高为价值取向，合于仁则取，不合仁则舍，这个内在的价值系统就是义。有了义，便有了评鉴好坏的尺度，进而取得了对人进行好恶评价的权利。

【翻译】

孔子说："只有仁人，才能鉴识好人，贬斥坏人。"

4.4　志仁无恶①

【原文】

子曰："苟志于仁矣，无恶也。"

【注释】

① 志仁无恶：志士仁人，仁为己任，"仁"似一盏灯塔，把生命里程的暗夜照亮，并赋予日常生活以价值和意义。仁者面向崇高而生，以善为价值，故"无恶"。

【翻译】

孔子说："一旦仁为己任，便无恶行恶名。"

4.5　君子与仁①

【原文】

子曰："富与贵，是人之所欲也，不以其道得之，不处也。贫与贱，是人之所恶也，不以其道得之，不去也。君子去仁，恶乎成名？君子无终食之间违仁②，造次必于是，颠沛必于是。"

【注释】

① 君子与仁：君子在通往"仁人"的旅途中，所遭遇的最大挑战，是本能中对荣华富贵的向往以及对贫困卑贱的厌恶。如何对待贫贱与富贵，才符合君子之道？士人须高擎仁理想之火炬，以义为准绳，来决定取与予。合于义者，君子可以毫不犹豫地取；不合乎义者，包括不劳而获之取，巧取豪夺之取，贪污受贿之取等，君子万万不可接受。孔子坚守获取的正当性原则，对于不义之所得，坚决不予接受。而对于诸如合法劳动所得之类的正当利益，孔子则主张坚决地取，毫无虚情假意谦让地取，并对任何敢于侵犯自己权益的行为，必须坚决给予反击。因为侵犯权益，就构成对自己的辱，而"士可杀不可辱"！不敢捍卫权益，在孔子看来是懦弱，懦弱者不可为君子，更无成为"仁人"之可能。

② 无终食之间违仁：君子仁为己任，以崇高为目标，终日行于通向"仁人"的旅途中，故"无终食之间违仁"。通向"仁人"的路并不平坦，起码要不停地同自我作战，同贪欲作战，同懒惰作战，同外在的各种诱惑作战，故须"造次必于是，颠沛必于是"。

【翻译】

孔子说："富足与高贵，是谁都向往的，但不以道义的方式取得，那可不敢要。贫困与卑贱，是谁都害怕的，但不以道义的方式去除，那也不敢奢求。君子舍弃了仁，靠什么成名？君子不可须臾违背仁，仓促急迫不改，颠沛疲惫不改。"

4.6　子之未见

【原文】

子曰："我未见好仁者，恶不仁者。好仁者，无以尚之，恶不仁者。其为仁矣，不使不仁者加乎其身。有能一日用其力于仁矣乎？我未见力不足者。盖有之乎？我之未见也。"

【翻译】

孔子说："我未见志于仁者，同时疾恶如仇。志于仁者，无比高尚，必当成为疾恶如仇者。其致力为仁，须不让恶行加于身。能够全天候致力于仁吗？我可未见能力不足者。或许会有，但我未见着。"

4.7　过观其党①

【原文】

子曰："人之过也，各于其党。观过，斯知仁矣。"

【注释】

① 过观其党：仁的精义，在于恰当处理与各种人之间的关系，而人们在生活中所犯的错误，虽然形形色色，但总不外乎于处理人际关系的失败。

所以孔子建议：可以通过研究这些错误，并对它们进行归纳与总结，这样便知道仁是什么。

【翻译】

孔子说："做人的错误，可分类总结。观察他对待错误的态度，便可知他是否有仁。"

4.8　闻道足愿

【原文】

子曰："朝闻道①，夕死可矣。"

【注释】

① 道："道"观念的提出，让人们在思维与言说方式上，实现了从"法先王"到"循道"的革命性转变。利用"法先王"的思维平台进行沟通，长者与权威永远拥有真理的话语权。而利用"道"的交流平台，长者与权威的话语权，就需要让位给智者与贤哲，这种话语权的转让，同时意味着人们精神的解放和文化创造力的提升。

【翻译】

孔子说："让我领悟天下文明大势之道，朝闻夕死足矣。"

4.9　士志于道

【原文】

子曰："士志于道①，而耻恶衣恶食者，未足与议也。"

【注释】

① 士志于道：孔子建议，华夏民族的读书人，都应养成"崇道"的习惯，把"道"作为生活的信仰。正如欧洲的读书人，把追求真理作为人生的信仰一样。为信仰而读书，发愤忘忧，席不暇暖，不计温饱，不计得失，不计毁誉，不惜性命。

【翻译】

孔子说："读书人须以道为信仰，若仍对粗衣淡饭十分在意，他尚不具备与人讨论问题的资格。"

4.10　义之与比

【原文】

子曰："君子之于天下也，无适也，无莫也，义之与比①。"

【注释】

① 义之与比：君子者，立仁为生命理想，怀天下之大道，面向崇高而不懈奋斗，并时时以崇高为尺，处理生活中的行为选择。这种以"宜"为问的行为，便是"义"。义是君子的内在价值，心中一旦有义，必将相伴终身，故曰"义之与比"。

【翻译】

孔子说："君子行于天下，与义终身相伴。舍此，将无从遵循，也无所羡慕。"

4.11 君子之怀①

【原文】

子曰："君子怀德，小人怀土；君子怀刑，小人怀惠。"

【注释】

① 君子之怀：君子乃社会精英，其情慕天，而"天行健"，故君子"自强不息"以"怀德"；小人乃普罗大众，其情慕地，故"怀土"。怀土者亲于土，故对大地情感深厚，生死不离。君子以治理天下为己任，而天下的治理，须恩威并施，故常"怀刑"；而小人们，世代在生死线上讨生活，最懂得生活艰辛，故常"怀惠"。

【翻译】

孔子说："君子行德政，民众恋故土；君子恩威并施，民众懂得算计。"

4.12   逐利多怨

【原文】

子曰："放于利而行，多怨①。"

【注释】

① 多怨：君子必须懂得节制自己的欲望，但胸中又必须有利益观念，在同民众打交道的时候，必须关心普通人的利益诉求。要求民众牺牲利益的做法，既不通情，也不合理。但当君子与民众发生利益冲突时，君子当学会割舍利益，以赢得民众的真心拥护。利用权力去剥夺民众，绝非君子所为。如果打着为民谋利的旗号，却干着侵犯或剥夺民众的勾当，那肯定是不折不扣的伪君子。民众对他的怨恨，亦在所难免。即使普通人，放纵自己的利益追求，也难免伤及他人，并遭致怨恨。

【翻译】

孔子说："放肆地逐利而行，大都会遭致怨恨。"

4.13 礼让为国

【原文】

子曰："能以礼让为国①乎，何有？不能以礼让为国，如礼何？"

【注释】

① 礼让为国：礼乃治国之大纲纪，而让是礼的核心精神。"有让"主要体现在权力资源分配的过程中，礼是用来调节公共资源，尤其是权力资源分配的。如果群臣皆为权力而争，并争得没有章法，国必然乱。有章法并且不让群臣挖空心思去钻"礼"的空子，君臣才有可能同心同德，国家才可能因此而得治。故孔子认为：为国不能礼让，则礼将会形同虚设。故曰："如礼何？"

【翻译】

孔子说："群臣能循礼而让，国必得和而治。这样治国有何难？但群臣如不能循礼而让，礼有何用？"

4.14 君子所患

【原文】

子曰:"不患无位,患所以立。不患莫己知,求为可知也。"

【翻译】

孔子说:"君子莫忧己之无位,更当忧其能力不足。莫为未名忧虑,自己努力足够,名必然会有。"

4.15 忠恕而已

【原文】

子曰:"参乎,吾道一以贯之。"曾子曰:"唯。"子出,门人问曰:"何谓也?"曾子曰:"夫子之道①,忠恕而已矣。"

【注释】

① 夫子之道:即所谓"忠恕",解释为"己欲立而立人,己欲达而达人。己所不欲,勿施于人"。此乃生活中强者的为人之道。只有强者,才具有将意志强加于人的能力。孔子教导其弟子,作为生活中的强者,要学会推己及人,将心比心。当自己处于弱势时,也不愿意别人以强迫的方式,将意

志强加给自己。所以当自己处于强势地位时，同样也不应该将自己的意志强加给别人。只有这样，才有与他人和睦相处的可能。与人和睦相处，是让人心悦诚服的前提。孔子的"忠恕之道"，说到底还是君子们的做人之道。

【翻译】

孔子说："曾参啊，我的思想，可用一句话概括之。"曾子说："是的!"孔子出，门人问："他所说何意?"曾子说："老师的思想，不过忠恕而已。"

4.16　喻义晓利^①

【原文】

子曰："君子喻于义，小人喻于利。"

【注释】

① 喻义晓利：孔子要求，君子们面对利益，必须以义为标准来决定取舍，即明白什么该取、什么不该取。所谓的"非义所取"，就是化公为私、巧取豪夺、贪占攫取。这些获取利益的方式，都是对君子人格的亵渎与玷污。而对于民众，孔子只要求他们明白自己的利益，并在利益的驱动下追求自己的幸福生活。错误地要求普罗大众去大公无私或公而忘私，只能够培养出道德的伪善。

【翻译】

孔子说："君子取予，以义为据；小人取予，唯利即可。"

4.17　见贤思齐

【原文】

子曰："见贤思齐①焉，见不贤者而内省也。"

【注释】

① 见贤思齐：君子的道德境界，须通过修身养心的功夫，加以磨炼和培养。追求君子人格，必须有对美德近乎信仰的崇拜，看到别人的行为美，马上会产生一种自惭形秽的羡慕感，并产生向美德学习的冲动，这就是孔子所谓的"见贤思齐"。同时发现别人身上的道德缺陷，也可反观自身，提醒自己别犯同样的错误。

【翻译】

孔子说："君子见了美德，就有学习的冲动，见了错误则会反观自身。"

4.18　谏而不违

【原文】

子曰："事父母，几谏。见志不从，又敬不违，劳而不怨。"

【翻译】

孔子说："父母不当，须善意提醒。不听也无须埋怨，谨慎地顺从，并力图弥补其过错。"

4.19　游必有方

【原文】

子曰："父母在，不远游，游必有方①。"

【注释】

① 游必有方：由于父母与子女共在，子女们生活中的风险，让父母最为揪心。所以才有"儿行千里母担忧"之说。古代中国，地大且交通落后，远游就意味着数月乃至数年杳无音讯，这会让父母十分挂念。

【翻译】

孔子说："父母健在，不必远游，若确须游，得让父母知道你的去向。"

4.20　继道谓孝

【原文】

子曰："三年无改于父之道①，可谓孝矣。"

【注释】

① 父之道：即所谓"家道"，也是大家族的兴旺之道，通常即为家族传统。传统的意义在于传承，子女对父母最大的孝，是维持家族兴旺，并把优美的家风和良好的家族声誉传承下去。"三年不改"，是家道家风得以传承的标志。

【翻译】

孔子说："三年内让家道传统不走样，即可谓孝。"

4.21　喜惧知年

【原文】

子曰："父母之年①，不可不知也，一则以喜，一则以惧。"

【注释】

① 父母之年：年指的是年龄与年景，而年景是指在这一年内，父母过得如何？为他们的身体康健而感到喜悦，同时也为父母的年龄增长而感到恐惧。也就是说：孝子应该始终保持对父母的那份牵挂。

【翻译】

孔子说："父母的年龄与年景，子女不可不知。为他们的身心康乐而喜，也为他们的年龄增长而惧。"

4.22　耻躬不逮

【原文】

子曰："古者言之不出，耻躬之不逮①也。"

【注释】

① 耻躬之不逮：逮，《说文解字》云：逮者，行相及也。言者如矢，发而不可收。故中国古人始终慎言，也不认为能言善辩为美德与智慧。君子所担心的是，说出的话无法兑现，并认为无法兑现承诺，最令人感到耻辱。

【翻译】

孔子说："古人不轻言，言出而行不及，最感耻辱。"

4.23　约者无失①

【原文】

子曰："以约失之者，鲜矣。"

【注释】

① 约者无失："以约"，指的是具有自我节制美德的人，当然喻君子。

孔子认为：君子能"克己"，良知昭明，并善用良知自我约束，做人谨慎而无狂，做事慎始而有终。不能成功而归于失败者，并不多见。

【翻译】

孔子说："能自我节制，做事不成功，十分罕见。"

4.24　讷言敏行^①

【原文】

子曰："君子欲讷于言，而敏于行。"

【注释】

① 讷言敏行：君子做事以目标为导向，以效率为追求，以知识为手段，以成功为价值。埋头做事而不计影响，只求心安而最忌声张。夸夸其谈者，非君子也；拖沓慵懒者，非君子也。

【翻译】

孔子说："君子言语微讷，行为敏捷。"

4.25　德必有邻

【原文】

子曰："德不孤，必有邻①。"

【注释】

① 必有邻：孔子不担心德行吃亏，相信美德对社会有感染和成化的作用。所以"德不孤"，有德者不必担心孤独、孤单，一定会有理解者、认同者、羡慕者、学习者来与他们做伴。

【翻译】

孔子说："有德者不孤单，定有相与者做伴。"

4.26　子游论数①

【原文】

子游曰："事君数，斯辱矣。朋友数，斯疏矣。"

【注释】

① 子游论数：数，指太近乎。子游的感悟甚好！人与人之间，始终都

是相互保持距离为好，关系过分亲密，始终难以持久。与君王相处，保持距离才会保留尊严，过分与领导套近乎，只能是自取其辱；同样，与朋友相处，也应当相互保留一定的个人空间，相互没有私密，那可能就是疏远的开始。

【翻译】

子游说："事君不懂得保持距离，自取其辱。做朋友不懂得保持距离，疏远从此开始。"

第五篇　公冶长

【题解】

朱熹论曰："此篇皆论古今人物贤否得失。"臧否古今人物，是本篇的主题，君子人格，是臧否人物的根本标准。题为"贤否"较妥。

全篇29章，前15章记孔子评点自己弟子，孔子教育的目的是为社会培养仁人君子，进而"为天下立心"。所以孔子多以"人格是否完美"作为评点的依据，分别对公冶长、南容、子贱、雕漆开、冉雍、子路、子贡、颜回、宰我等的人格品质，给予了断定及评点，同时也记述了孔子与弟子们在教与学过程中的互动，尤其是孔子对宰我、子路、颜回、子贡等的批评与评价。

本篇后14章，主要记述孔子对当时历史人物的评点，包括对孔圉、子产、晏婴、臧文仲、令尹子文、陈文子、季文子、宁武子等，以及伯夷、叔齐与微生高。孔子点评历史人物，大多是在作历史审判。良知与道义，是孔子评点与臧否人物、作历史审判的终极依据。而孔子臧否历史人物，是在代表天下的良知与道义，对历史人物进行审判，并希望通过审罪恶，褒善良，激浊扬清，来为天下的文明与美好贡献正能量。

5.1　缧绁可妻

【原文】

子谓公冶长①："可妻也。虽在缧绁②之中，非其罪也。"以其子妻之。

【注释】

① 公冶长：鲁人，孔门弟子，小孔子32岁。

② 缧绁：牢狱。缧绁者，乃遭牢狱之灾的人，意味着是罪犯。但春秋时对罪的认定，往往仅凭长官意志，冤狱经常发生。孔子对落在"缧绁之中"的公冶长，不仅不以为意，且因其人品可靠，则愿将女儿嫁给他。

【翻译】

孔子评价公冶长说："他值得托付终身，虽然遭牢狱之灾，却是被冤枉的。"孔子嫁女于他。

5.2　子谓南容

【原文】

子谓南容①："邦有道不废，邦无道免于刑戮。"以其兄之子妻之。

【注释】

① 南容：南宫括，孔门弟子，既德而智。他"邦有道"，能有所作为；"邦无道"，又可免于被刑戮侵犯，能避祸而全身。其人品得到孔子的高度肯定，并愿意将侄女嫁给他。

【翻译】

孔子赞南容："国有道，能够不被埋没；国无道，则足以明哲保身。"孔子嫁侄女于他。

5.3　子谓子贱

【原文】

子谓子贱①曰："君子哉若人！鲁无君子者，斯焉取斯？"

【注释】

① 子贱：宓不齐，字子贱，鲁人，孔子弟子，小孔子30岁。这里孔子不仅夸赞子贱的君子品格，同时赞美鲁国礼乐教化的环境。如此环境对子贱君子人格的养成，起到了独特的作用。当社会不崇尚人格美，精神崇高被人们弃之如敝屣的时候，大环境对培养君子人格就极为不利。鲁国对传统礼乐文明的保护与保存，让追求高尚人格依然时尚，这对子贱之类君子们的成长大为有利。

【翻译】

孔子赞子贱说："君子者乃若此人！鲁若无利君子成长之环境，斯人焉能如此？"

5.4　賜若瑚璉

【原文】

子贡问曰："賜也如何?"子曰："女,器也。"曰："何器也?"曰："瑚璉①也。"

【注释】

① 瑚璉:一种名贵玉质器皿,用于宗庙盛黍稷。子贡聪慧而精明,但精神气质上或许缺乏些阳刚。故孔子以君子许子贱,但未以君子许子贡。

【翻译】

子贡问:"您如何看我?"孔子说:"你像名贵器皿,属可用之才。"问："何种器皿?"答："像瑚璉般贵重。"

5.5　雍也不佞

【原文】

或曰："雍也①仁而不佞。"子曰："焉用佞?御人以口给,屡憎于人。不知其仁,焉用佞?"

【注释】

① 雍也：冉雍，字仲弓。以"德行"列"孔门十哲"，乃孔子最得意的弟子之一。本章有人质疑冉雍的口才，但遭到孔子抢白。

【翻译】

有人问："冉雍仁厚，但口才不好，对吗？"孔子说："干吗说口才？逞口舌之能者，屡遭人恨。是否有仁还不知道，要口才何用？"

5.6　子悦漆雕①

【原文】

子使漆雕开仕。对曰："吾斯之未能信。"子说。

【注释】

① 子悦漆雕：漆雕启，字子开，鲁人，小孔子 11 岁，为孔子较得意的弟子。漆雕开学而有成，孔子使其仕，漆雕开则表示，自己信心尚不足。这让孔子特别开心，故"子悦"。因为谦逊是君子品格的核心特质，即所谓"谦谦君子"。所以孔子对具有谦逊品德的弟子，不吝赞许，并大加器重。

【翻译】

孔子推荐漆雕开出仕，子开说："这事真让我忐忑。"孔子甚喜。

5.7　乘桴浮海

【原文】

子曰："道不行，乘桴浮于海①。从我者，其由与?"子路闻之喜。子曰："由也，好勇过我，无所取材。"

【注释】

① 乘桴浮于海：孔子对子路的忠勇十分信赖，但对其性格的弱点也十分了然，并通过时时敲打的方式，力图矫正子路急性子的毛病。

【翻译】

孔子说："若天下无道，我欲乘木筏漂浮于海上，追随我的人，不唯有子路吗?"子路听闻后十分得意。孔子又说："子路凭勇气要胜过我，可他不知节制其勇气。"

5.8　不知其仁

【原文】

孟武伯问："子路仁乎?"子曰："不知也。"又问，子曰："由也，千乘之国，可使治其赋也，不知其仁①也。""求也何如?"子曰："求也，千室之邑，百乘之家，可使为之宰也，不知其仁也。""赤也②何如？"子曰："赤也，束带立于朝，可使与宾客言也，不知其仁也。"

【注释】

① 不知其仁：孔子不轻易以"仁"许人，是因为孔子不是以内在心性，而是以外在事功作为其评价"仁"的标准。在孔子的观念中，仁只是一种引导人们面向崇高的生命目标。就生命目标的意义而言，弟子们都是以心向仁的，但所有弟子，甚至包括自己，都行进在"仁为己任"的旅途中，至于是否达到"仁人"的目标，要等待盖棺定论时，方可评价。所以在孔子看来，无论是子路、冉求，还是公西赤，皆"不知其仁"。就是最得孔子赏识的颜回，也只能是"其心三月不违仁"。也是在此意义上，曾子曰："仁为己任，不亦重乎？"选择了仁作为自己的生命目标，就意味着付出一生的奋斗与努力，去追求这样一个崇高的人生理想，这样的生命负担，显然异常沉重！

② 赤也：公西赤，字子华，鲁人，孔子弟子，小孔子 42 岁。

【翻译】

孟武伯问："子路仁吗？"孔子答："不知道。"问："为什么？"答："子路，千乘之国，令其治理，能力足够，但仁可不敢说。"问："冉求如何？"答："冉求，千户之邑，或拥有百乘的大家族，交其治理，才能足够，但仁可不敢说。"再问："公西赤如何？"答："公西赤，着礼服立于朝堂上，办外交游刃于宾客中，才能出众，但仁可不敢说。"

5.9　吾也弗如

【原文】

子谓子贡曰："女与回也孰愈？"对曰："赐也何敢望回？回也闻一以知十，赐也闻一以知二。"子曰："弗如也，吾与女弗如①也。"

【注释】

① 吾与女弗如：孔子从不掩饰对颜回的欣赏。能言善辩的子贡，自叹不如颜回，孔子则进一步感叹道："弗如也，吾与女弗如也。"在孔子看来，就领悟能力而言，不仅是子贡不如颜回，就是自己，也未必赶得上，这也说明颜回可能具有令人惊叹的领悟能力。

【翻译】

孔子问子贡："你和颜回谁学得更好？"子贡说："我哪敢望回项背？回闻一能知十，而我闻一只能知二。"孔子说："是啊！在领悟上，我和你都不如他。"

5.10　宰予昼寝

【原文】

宰予昼寝。子曰："朽木不可雕也，粪土之墙不可杇①也。于予与何诛②?"

【注释】

① 杇：粉刷墙的工具，这里指粉刷。

② 于予与何诛：宰予即宰我，天资聪颖，辩才无碍，善独立思考。但行为慵懒，爱标新立异，这让孔子爱恨交加。本章记宰予白天睡觉，让孔子发现后十分生气，骂宰予"朽木不可雕也"。但在骂的同时，也透射着孔子对宰予的恨铁不成钢。

【翻译】

宰予白天睡觉，孔子说："朽木无法雕刻，粪土之墙不可粉刷。这个宰我，叫我如何骂你好呢?"

5.11　予与改是

【原文】

子曰："始吾于人也，听其言而信其行；今吾于人也，听其言而观其行。于予与改是①。"

【注释】

① 予与改是：此章会话语境不详，朱熹将此章与上章合而为一，解读为：因为宰予白天睡觉，让孔子愤怒，不仅骂宰我"粪土之墙不可杇"，而且还说：原来我对人是听其言而信其行，从此以后，我将听其言而观其行。这好像有些过分。另有研究者猜想：可能是宰予欺骗了孔子，让孔子说出上面的话。这好像也不恰当。我更愿意想象：是宰我做了某种错事，孔子以戏谑的方式责备宰我。

【翻译】

孔子说："过往我看人，是听其言而信其行；而今我看人，是听其言而观其行。就从宰予所做此事开始。"

5.12　欲焉得刚

【原文】

子曰："吾未见刚①者。"对曰："申枨。"子曰："枨也欲，焉得刚?"

【注释】

① 刚：何者为"刚"? 孔子未明说。本章孔子只说："吾未见刚者"，弟子举出申枨来，孔子说："枨也欲，焉得刚?"由此看出：无欲或者少欲，乃是刚品德的必要条件。至于刚还包含什么? 不甚清楚。可以猜想：刚属于阳性，雄健该是，有毅力，也当是，即所谓"刚毅"。刚毅或许表现在面对强权时的勇敢，即敢于维护自己的人格尊严，不为强权压迫或利诱而折节。至于林则徐题联"海纳百川，有容乃大；壁立千仞，无欲则刚"。也算对刚品质的一种理解。

【翻译】

孔子说："我未见具有刚品质者。"弟子问："申枨不是吗?"孔子说："枨多欲，岂能配称刚?"

5.13　非尔所及

【原文】

子贡曰："我不欲人之加诸我也，吾亦欲无加诸人。"子曰："赐也，非尔所及①也。"

【注释】

① 非尔所及：子贡为人聪明，又受孔子教诲，不将意志强加于人，应该能够做到。但在面对强权压迫时，是否能够表现出足够的刚强，就不那么一定了。于是孔子说："非尔所及也。"

【翻译】

子贡说："我不愿他人将意志强加于我，我也不愿将意志强加于人。"孔子说："子贡啊！并非想做就能如愿做到。"

5.14　不可得闻

【原文】

子贡曰："夫子之文章，可得而闻也。夫子之言性与天道①，不可得而闻也。"

【注释】

① 性与天道：即孔子的哲理之思，子贡坦言自己不甚明白，这既有子贡自谦的因素，同时也表达了他对乃师的真诚崇拜。

【翻译】

子贡说："夫子的文章，我可以勉强理解；但夫子的性与天道之言，我就不甚明了了。"

5.15 由恐有闻

【原文】

子路有闻，未之能行，唯恐有闻①。

【注释】

① 唯恐有闻："知行合一"，是儒家对学的基本要求。儒家的所谓学问，主要是关于生活的学问，所有的"知"，都是"能行"之知，即是能够行得通的做人道理。子路不敏，有所闻，必须立即实践。所以有所闻而未能行时，则唯恐再有新的所闻。

【翻译】

子路有听闻，未及践行，深恐新的听闻。

5.16 不耻下问

【原文】

子贡问曰:"孔文子①何以谓之'文'也?"子曰:"敏而好学,不耻下问,是以谓之'文'也。"

【注释】

① 孔文子:卫大夫孔圉。据推测:孔子居卫,曾与他交往过,并有较好印象。子贡发问时,孔圉已故,古人有盖棺送谥号的习惯,其谥号为"文"。孔子解释孔圉得谥号为"文"的理由是:"敏而好学,不耻下问。"士大夫好学者,不鲜见,但能够做到"不耻下问"者,实属难能。

【翻译】

子贡问:"为何以'文'谥孔圉?"孔子说:"他不仅敏锐好学,且能下问不觉耻。这可能是他被谥为'文'的理由。"

5.17 子谓子产

【原文】

子谓子产①:"有君子之道四焉:其行己也恭,其事上也敬,其养民也惠，其使民也义。”

【注释】

① 子产：子产是春秋中晚期的著名政治家，他在郑国政坛上的崛起，彻底改变了郑国人"贰于晋楚"的屈辱历史，让郑国人从此活得有尊严。子产执政，也为华夏民族留下了"宽猛相济""防民之口甚于防川"等治国理政的伟大思想。本章所记，乃是孔子对子产的基本判断与评价。

【翻译】

孔子评价子产说："子产执政，用权不任性，事君任事有敬畏，使民生得改善，让民众有尊严。子产以上述四者，践行君子之道。"

5.18　晏子之善

【原文】

子曰："晏平仲①善与人交，久而敬之。"

【注释】

① 晏平仲：晏婴，字平仲，是春秋中晚期的又一杰出政治家，他事齐景公，以出色的外交与内政处理能力而被人称道，妥善处理人际关系，乃晏婴的强项。同时他还以清正廉明、敢于仗义执言等高洁的品质，受到后代人景仰。孔子对晏婴的品质，也给予了高度的肯定与赞扬。

【翻译】

孔子说："晏婴很会与人打交道，接触他久了，便会心生敬意。"

5.19　何如其知

【原文】

子曰："臧文仲①居蔡，山节藻棁，何如其知也?"

【注释】

① 臧文仲：鲁东门氏大夫，春秋前期鲁国的专权大夫。据文献考证，臧文仲曾得"大蔡之龟"，并以"山节藻棁"之方式，为"大蔡之龟"建室。所谓"山节藻棁"，就是以装饰祖庙的方式，来装饰"大蔡之龟"的居室。这种奢侈无度的做法，让孔子颇有微词，并反问："何如其知也?"即他哪里能称得上聪明?

【翻译】

孔子说："臧文仲养'大蔡之龟'，竟然以装饰祖庙的方式来替龟之居室装饰。他哪会有智慧?"

5.20　子张问仁①

【原文】

子张问曰："令尹子文②三仕为令尹，无喜色。三已之，无愠色。旧令尹之政，必以告新令尹。何如？"子曰："忠矣。"曰："仁矣乎？"曰："未知，焉得仁？""崔子弑齐君，陈文子③有马十乘，弃而违之。至于他邦，则曰'犹吾大夫崔子也。'违之。至一邦，则又曰：'犹吾大夫崔子也。'违之。何如？"子曰："清矣。"曰："仁矣乎？"曰："未知，焉得仁？"

【注释】

① 子张问仁：本章涉及对两个春秋人物的评价，一为楚令尹子文，一为齐国大夫陈文子。孔子评价前者为"忠"，后者为"清"，但均因"未知"，即缺乏智慧，所以"焉得仁？"可见孔子对"仁"的期许甚高，非圣莫及。

② 令尹子文：名斗谷，亦名若敖谷，谥号"子文"，春秋早期楚国执政大夫。

③ 陈文子：陈须无，齐国大夫。齐国专权大夫崔杼弑杀其君齐庄公，陈文子避祸而逃之。

【翻译】

子张问："若敖谷一生三次上位执政，不喜形于色；三次被免职，也无失落愤懑，还平静坦然地与新执政交接。他如何？"孔子说："忠臣！"问："仁吗？"答："智慧不足，哪能配称仁？"问："崔杼弑庄公，陈须无有车十乘，舍弃而逃。到一国，愤言：'这与崔杼执政有何不同！'再逃。到另一国，愤言：'这与崔杼执政有何不同！'继续逃。他如何？"孔子说："清廉！"问："仁吗？"答："智慧不足，哪能配称仁？"

5.21　三思后行

【原文】

季文子①三思而后行。子闻之，曰："再，斯可矣。"

【注释】

① 季文子：季孙行父，鲁国执政大夫，辅佐宣、成、襄三代君主，执政 33 年。季文子三思，孔子认为：其思过分了，过分思虑，会导致人瞻前顾后，犹豫不决，行动缺乏果断，所以"三思而后行"并不是好习惯。

【翻译】

季文子做事三思而后行，孔子得知后说："思两次，足够了。"

5.22　愚不可及

【原文】

子曰："宁武子①，邦有道则知，邦无道则愚。其知可及也，其愚不可及也。"

【注释】

① 宁武子：宁俞，卫国大夫，谥号为"武"。国家有道，他就聪明；国家无道，他就糊涂，装糊涂而已。孔子说：他的聪明是可学的，但他的糊涂，即装傻则是人们无法学到的，所以是"愚不可及"。后来成语"愚不可及"的语义，已改了意思。

【翻译】

孔子说："宁俞这个人，国有道他聪明，国无道他糊涂。其聪明可学，而其糊涂不可学。"

5.23　斐然成章

【原文】

子在陈曰①："归与，归与！吾党之小子狂简，斐然成章，不知所以裁之。"

【注释】

① 子在陈曰：会话语境当在孔子仕陈湣公时，当时孔子与弟子们心情欢愉，孔子夸奖弟子们志向远大，且兼具文采，都不知道该如何指导他们了。

【翻译】

孔子及弟子居留于陈。孔子说："归去吧！归去吧！弟子们志向远大，文采斐然，我已不知该如何指导你们了。"

5.24　不念旧恶

【原文】

子曰："伯夷、叔齐，不念旧恶①，怨是用希。"

【注释】

① 不念旧恶：伯夷与叔齐，是孤竹国的两个王子。孤竹为殷商附近的小国，两王子不甘于受商纣王欺凌，弃国而逃，慕周文王行仁政而向西。但逃到周时，周文王已经故去，继位的周武王正兴兵伐纣。虽纣王对两王子有旧恶，但念及东土所面临的战祸，两王子不念旧恶，毅然劝武王息兵。由于武王不听劝谏，使两王子投奔西岐的计划落空。最后他们流落到首阳山下，由于拒绝食周粟，而守节饿死。孔孟对伯夷、叔齐十分推崇，孔子罕有地评价伯夷、叔齐为仁人。

【翻译】

孔子说："像伯夷、叔齐那样，不念旧恶，心中就很少有怨恨。"

5.25　微生孰直①

【原文】

子曰："孰谓微生高直？或乞醯焉，乞诸其邻而与之。"

【注释】

① 微生孰直：直的品质，就是坦率真诚。微生高，春秋之士。人说他直，孔子不以为然。因为孔子发现：微生高一次遇上有人上门讨醋，家本无醋，却到邻居家借来醋，然后施于讨者，此有"卖直"之嫌。

【翻译】

孔子说："谁说微生高直？有乞醋者临门，到邻居家乞醋而施与之。"

5.26　丘亦耻之

【原文】

子曰："巧言、令色、足恭，左丘明①耻之，丘亦耻之。匿怨而友其人，左丘明耻之，丘亦耻之。"

【注释】

① 左丘明：疑为孔子时代著名贤者，但未必就是《左传》作者，当为那个时代的隐逸者，但其见识与品德受到孔子的高度推崇，以至于孔子愿以其是非为是非。

【翻译】

孔子说："花言巧语、媚态于容、足恭自贱，左丘明讨厌此类人，我同样讨厌。怨恨埋藏于心，逢迎讨好于人，左丘明讨厌，我也讨厌。"

5.27 各言尔志

【原文】

颜渊、季路侍。子曰："盍各言尔志①。"子路曰："愿车马，衣轻裘，与朋友共，敝之而无憾。"颜渊曰："愿无伐善，无施劳。"子路曰："愿闻子之志。"子曰："老者安之，朋友信之，少者怀之。"

【注释】

① 各言尔志：通过阅读本章对话，子路之豪爽，颜回之谦逊，孔子之德厚，皆跃然纸上。

【翻译】

颜渊与子路陪侍孔子，孔子说："何不各自谈人生志向。"子路说："我愿意将自己的车子、马匹、衣服、裘裳等，拿来与朋友共享，即使用破了，也毫无怨言。"颜渊说："希望能够永远做到不夸耀长处，不吹嘘功劳。"子路说："愿听夫子说志向。"孔子说："但愿长辈不失望，朋友不怀疑信用，年轻人不忘却自己。"

5.28　自讼者难①

【原文】

子曰："已矣乎！吾未见能见其过而内自讼者也。"

【注释】

① 自讼者难：猜想此章的对话语境：学生们在讨论诸如"每日三省吾身"之类问题，而孔子对人性的弱点，有更加深刻的洞悉，因而对"自省""自讼"之难，也有更深的理解。

【翻译】

孔子说："算了吧！认识错误，又良心不安的人，我还未见着。"

5.29　十室之邑

【原文】

子曰："十室之邑①，必有忠信如丘者焉，不如丘之好学也。"

【注释】

① 十室之邑：孔子相信，忠信者并不鲜见，但忠信且好学者，鲜见。因为忠信之人，往往认为自己德行上乘，无须进一步改善。而孔子则面仁而生，在崇高人生目标的引领下，孜孜以求地提高自己，"三人行必有我师焉"，向一切优点学习，进而成就了孔子的好学美德，这是孔子在道德境界上高于常人的根本秘密。

【翻译】

孔子说："就算十户人家，定能找到忠信如我之人，但他们的好学，可能就不如我了。"

第六篇　雍　也

【题解】

　　本篇内容结构与上篇类似，全篇30章，其中前14章主要记述孔子对其弟子们的点拨与评价。所以朱熹说：前14章，"大意与前篇同"。但从记述内容上看，本篇则更偏重于对弟子们"德行"的评价，"孔门十哲"中以"德行"闻名的四大弟子颜回、仲弓、冉伯牛、闵子骞，孔子对其评价及与之互动，本篇都有记述。其中记孔子对仲弓和颜回的称赞与评价各有3章。并以孔子评价仲弓"可使南面"及"山川其舍诸"；评价颜回"一箪食，一瓢饮，在陋巷，人不堪其忧，回也不改其乐"及"其心三月不违仁"最为出名。从孔子称赞弟子的字里行间中，我们可以读出他充满自豪感与成就感的心情。本篇或可看作"公冶长"之副篇。

　　本篇的后16章，主题就不像上篇那样集中，而更显得散乱。但从"之反不伐"到"何莫由道"，再到"文质彬彬"和"人生也直"，最后到"中庸至德"和"能近取譬"，我们依稀感觉到存在着一个主题，那就是"求中"。"之反不伐"讲的是做人的求中，"何莫由道"讲的是做事的求中，"文质彬彬"讲的是做人气质的求中，而"人生也直"讲的是人性格上的求中，最后"中庸至德"讲的是道德形而上学的求中，"能近取譬"则讲的是儒家世界观之"中"，由此之"中"，便确立了儒者看世界的基本眼光，以及由此派生出的儒者做人的底线。

　　综合全篇，"求中"当为本篇主题。无论是孔子提点、评价和赞扬学生，还是孔子泛论做人、治学、人性及政治，都是以得中为目标。以孔子为代表的儒家认为：人得中以正，家得中以睦，国得中以和，天下得中而民享太平。

6.1　可使南面

【原文】

子曰："雍也可使南面①。"

【注释】

① 可使南面：孔子称赞冉雍，说此人有人君气度。这说明，冉雍不仅具有较好的道德素质，同时更具政治才能。才能是人的先天禀赋，可以十分不同。有思辨禀赋，有政治禀赋，有理财禀赋，有军事禀赋，有习武禀赋，有发明创造禀赋，有文学禀赋，也有艺术禀赋，等等。人的先天禀赋不仅有类别上的不同，同时具有程度上的差异。我们通常把某方面禀赋极高的人，称为天才。在孔子看来，冉雍乃政治上的天才。

【翻译】

孔子说："冉雍有能力主政为王。"

6.2　冉雍论简①

【原文】

仲弓问子桑伯子，子曰："可也，简。"仲弓曰："居敬而行简，以临其民，不亦可乎？居简而行简，无乃大简乎？"子曰："雍之言然。"

【注释】

① 冉雍论简：仲弓即冉雍，他通过询问老师对子桑伯子（事迹不详）看法的方式，来与孔子交流对生活的看法。孔子以"简"作答，进而引出仲弓关于"简"的议论，最后孔子以"雍之言然"来表达自己对仲弓的赞许与肯定。心有灵犀，一点即通！

【翻译】

冉雍问子桑伯子如何？孔子说："蛮好，简。"冉雍说："敬畏而简，治国务民，岂不善哉？生活简陋而将就，岂不是太简了吗？"孔子说："冉雍说得是。"

6.3 颜回好学

【原文】

哀公问曰："弟子孰为好学？"孔子对曰："有颜回者好学①，不迁怒，不贰过，不幸短命死矣。今也则亡，未闻好学者也。"

【注释】

① 颜回者好学：颜回在诸弟子中，最得孔子欣赏。但不幸的是，颜回早逝，仅活了41岁。他所体悟到的夫子之道，还没有来得及传授，就被带走。他像一颗倏忽即逝的流星，给后人留下了无尽的遐想和遗憾！

【翻译】

哀公问："你的弟子谁最好学?"孔子答:"有颜回好学,有怨不迁怒于人,过错不重复犯,可惜他短命早亡。如今未见他那样的好学之人。"

6.4　君子周急

【原文】

子华使于齐,冉子为其母请粟,子曰:"与之釜。"请益,曰:"与之庾。"冉子与之粟五秉。子曰:"赤之适齐也,乘肥马,衣轻裘。吾闻之也,君子周急①不继富。"

【注释】

① 君子周急:冉求为孔子管理财务,但擅作主张让孔子不满,于是就有如下议论,核心思想是"君子周急不继富",即君子需要以慈善证明自己的爱心,但只做雪中送炭之"周急"的事,而不去做锦上添花的"继富"之事。显然孔子认为:子华去齐一派富家阔佬的气势,资助子华就是那种"继富"的锦上添花。

【翻译】

子华出使齐,冉求为其母请求资助,孔子说:"给六十斗吧。"冉求请增加点。"加十六斗吧。"冉求擅自给了八十斗。孔子说:"子华去齐,骑肥硕之马,穿轻软衣服,我有所耳闻。君子只雪中送炭,而不锦上添花。"

6.5　原宪勿辞

【原文】

原思①为之宰，与之粟九百，辞。子曰："毋！以与尔邻里乡党乎？"

【注释】

① 原思：原宪，字子思，鲁国人，小孔子 36 岁。原宪受孔子推荐，去为某诸侯或大夫家管理内务。授粟九百担，原宪感觉报酬太高，而孔子以"毋"劝原宪。因为孔子认为：原宪接受一年九百粟的报酬是合宜的，因而受之无愧，可以毫不犹豫地接受，因为"以义取利"合于孔子思想。

【翻译】

原宪将为某氏宰，给俸九百粟，原宪欲辞，孔子说："别呀！不是可以赠予邻里乡党吗？"

6.6　山川舍诸

【原文】

子谓仲弓，曰："犁牛之子骍且角，虽欲勿用，山川其舍诸①？"

【注释】

① 山川其舍诸：孔子再论冉雍，说像杂色的牛生下红色且角正（指珍贵）的崽一样，即使人们因为它出身的原因，不使用它来作牺牲，可山川能够答应吗？意思是说，虽然冉雍出身于贫民之家，但他才华出众，将来在从政的路上，一定可大有作为。即所谓"天纵之才，必有用焉"。

【翻译】

孔子评价冉雍说："像杂色之牛生出红色且正角之崽一样，人虽欲舍弃，可山川能够答应吗？"

6.7　心不违仁①

【原文】

子曰："回也，其心三月不违仁，其余则日月至焉而已矣。"

【注释】

① 心不违仁：心不违仁，只是指有仁心，主要评价一个人的良知是否显现。一个人当良知显现时，就会表现出仁心，就会对他人有爱，就会对弱者们的冒犯表现出宽容。但是良知显现，并不是时时处处的。即使道德修养极高的人，也不可能事事时时都表现为良善与容情。孔子认为，涵养极高的颜回，也只可以做到"其心三月不违仁"，即可以在较长时间内，保持情绪受良知良能主导；而其他弟子，其仁心可能会不时闪现，但保持起来，都具有较大难度。

【翻译】

孔子说："颜回，其仁心可保持三月，其余弟子，数日至月余而已。"

6.8　可使从政

【原文】

季康子问："仲由可使从政也与？"子曰："由也果，于从政乎何有？"曰："赐也可使从政也与？"子曰："赐也达，于从政乎何有？"曰："求也可使从政也与？"子曰："求也艺，于从政乎何有？"

【翻译】

季康子问："子路可使其从政吗？"孔子说："子路果敢，从政何难？"问："子贡可使其从政吗？"答："子贡通达，从政何难？"问："冉求可使其从政吗？"答："冉求多才，从政何难？"

6.9　善为我辞

【原文】

季氏使闵子骞为费宰，闵子骞曰："善为我辞①焉！如有复我者，则吾必在汶上矣。"

【注释】

① 善为我辞：闵损，字子骞，鲁人，小孔子15岁，为孔门杰出弟子。对话可能发生在鲁定公九年（前501年）之前，此时鲁国的执政大臣，是季康子之父季桓子，那时孔子与其弟子们对季氏采取拒不合作的态度。所以季氏请闵损为费宰，闵子骞婉言谢绝，并告诉来者，如再来请我，我可能已经到汶水以北，那里是齐国之境，以此表示其辞坚决。

【翻译】

季桓子欲使闵子骞做费宰，闵损说："请帮我辞了吧！再找我，我已在汶水以北了。"

6.10　伯牛有疾

【原文】

伯牛①有疾，子问之，自牖执其手，曰："亡之，命矣夫！斯人也而有斯疾也！斯人也而有斯疾也！"

【注释】

① 伯牛：名冉耕，字伯牛，鲁人，小孔子7岁，为孔子得意弟子，但却可能生了一种具有传染性的疾病，所以孔子去探视，只能够透过窗口而执其手，并以感叹的方式，来表达自己的痛心和无奈。面对无常的灾祸，人往往只能是无奈地感叹！

【翻译】

冉耕病，孔子探视，透过窗口拉着伯牛之手说："看来没救了！是命吧！如此好的人，为何会得如此糟糕的病！如此好的人，为何会得如此糟糕的病！"

6.11 不改其乐

【原文】

子曰："贤哉回也！一箪食，一瓢饮，在陋巷，人不堪其忧，回也不改其乐①，贤哉回也！"

【注释】

① 不改其乐：人总会在生活上与别人攀比，过得不如人的时候，总会产生某种无颜见人的羞愧。而处生活窘境中的颜回，却能够不改其乐，此乐决不是那种阿Q式的自我解嘲，而是那种胸怀大志，并超越物质享受的心灵真愉悦，是高境界人格的那种心灵亲近于道的真实快乐。也正是在此意义上，"孔颜乐处"，才成为中国士大夫们着力追求的生命目标。

【翻译】

孔子说："颜回真贤者！粗饭一筐，冷水一瓢，身在陋巷。人皆不堪其窘迫，回能不改其达观。颜回，真贤者也！"

6.12　求今女画

【原文】

冉求曰："非不说子之道，力不足也。"子曰："力不足者，中道而废。今女画①！"

【注释】

① 今女画：画，能进而不欲。冉求与孔子的关系颇有趣，孔子虽欣赏冉求，夸"求也艺"，但又总觉冉求不能按自己的要求去做。孔子所担心的是懒惰的冉求浪费了自己的天赋。

【翻译】

冉求说："并非不喜夫子之道，但能力不够呀！"孔子答："能力不够者，中途欲进而不得，而你是不求进取！"

6.13　为君子儒

【原文】

子谓子夏曰："女为君子儒①，无为小人儒。"

【注释】

①儒：孔子由学儒而政治，于是孔学便与儒术结下了不解之缘，孔子所创立的学派，也被称为儒家。子夏天赋较好，但学术兴趣有点偏重于儒术，所以孔子点拨他，应该对社会改革更感兴趣，即"无为小人儒"，就是不要因为对丧葬、祭祀之类的礼仪感兴趣，而遮蔽了为社会政治服务的大方向。

【翻译】

孔子告诫子夏："你要让儒成就君子，而非用儒服务小人。"

6.14　偃荐澹台①

【原文】

子游为武城宰，子曰："女得人焉耳乎？"曰："有澹台灭明者，行不由径，非公事，未尝至于偃之室也。"

【注释】

①偃荐澹台：子游出任武城宰，向孔子举荐了澹台灭明，其理由竟然是：此人不善于感情贿赂。孔子死后，澹台灭明来到楚国，成为著名先生，据说从其游者多达三百余人。

【翻译】

子游宰武城，孔子问："得人才了没？"答："有个澹台灭明，做事不贪捷径。无公事，绝不到我这儿套近乎。"

6.15   之反不伐

【原文】

子曰："孟之反不伐①，奔而殿，将入门，策其马，曰：'非敢后也，马不进也。'"

【注释】

① 之反不伐：孟之反，鲁国名士。他的美德表现在不自夸，即所谓"不伐"。具体事例是：孟子反率兵伐齐，败而溃撤；他主动殿后，把危险留给自己。队伍撤回家时，又找借口避免赞扬。如此做人，低调本真而由中，这让孔子特别欣赏。

【翻译】

孔子说："孟之反不自夸。队伍溃散时，他主动殿后。队伍快入城门，他才加鞭。并说：'非我敢殿后，而是马走不动。'"

6.16   难免今世①

【原文】

子曰："不有祝鲍之佞，而有宋朝之美，难乎免于今之世矣！"

【注释】

① 难免今世：祝鮀，卫国佞臣；宋朝，宋国大夫子朝，以美色著称，曾与卫灵公之妻南子私通，并成为尽人皆知的丑闻。孔子居卫，目睹了当时卫国政坛之纷乱。所以发出此章感叹，意为：在当今政坛，要么凭借巧舌如簧，要么凭借姿色之妖，否则很难免于灾祸。孔子对当时天下的政治，失望至极。

【翻译】

孔子说："若无祝鮀之口舌，亦无子朝之美色，想免祸而立于今世，实难！"

6.17　何莫由道

【原文】

子曰："谁能出不由户？何莫由斯道①也？"

【注释】

① 何莫由斯道：斯道，即门户。这里指做事不由中道。孔子发出"何莫由斯道也"的质问，表示孔子对当时政治之所以失望已极，是因为当时政坛已完全失范，所有政治行为已变成一场毫无规则可言的游戏。所以在孔子看来：政坛没人守规矩，必然天下大乱。

【翻译】

孔子说："谁能不经门道出入？做人怎么不行正道？"

6.18 文质彬彬

【原文】

子曰："质胜文则野，文胜质则史。文质彬彬①，然后君子。"

【注释】

① 文质彬彬：以坦诚示人则质，以包装示人则文。过分坦诚就会变成赤裸，故野，指未开化。而过分包装又会变得虚假，故史。这里"史"为"失"之通假，即指失去纯朴之真。孔子谈君子人格，应做到文与质的恰当结合，将文与质结合得十分完美，便称为"彬彬"。孔子反对过分坦诚待人的野，也反对过分包裹自己的史。

【翻译】

孔子说："质朴过而文饰不足，则有野蛮之风；文饰过而质朴不足，则失却朴真。质朴与文饰相得益彰，方能成就君子风采。"

6.19 人生也直

【原文】

曰："人之生也直①，罔之生也幸而免。"

【注释】

① 人之生也直：孔子建议，人要以正直来安身立命，因为靠委曲求全而生的人，往往只能靠侥幸来免除祸患。在生活里，正直的人使人敬畏，而委曲求全者令人不齿。正直的人由于正直而遭人报复，他依然活得堂堂正正；而委曲求全者遭人鄙视，或遭受欺凌，他活得十分窝囊。以正直立身，便是做人之中道。

【翻译】

孔子说："人须靠正直安生立命，委曲求全者，免祸也侥幸。"

6.20　学者三境①

【原文】

子曰："知之者不如好之者，好之者不如乐之者。"

【注释】

① 学者三境：孔子认为，学有三境，"知之者"为稻粱谋，"好之者"为好奇心驱使，"乐之者"为使命驱使。肩负天下使命而学习者，境界最高；为兴趣使然而学习者，次之；把读书学习当作职业和谋生手段者，等而下之。

【翻译】

孔子说："为求生读书，不如为兴趣读书，为兴趣读书，不如为使命读书。"

6.21 因人而异①

【原文】

子曰："中人以上，可以语上也；中人以下，不可以语上也。"

【注释】

① 因人而异：孔子认为，教育应当因材施教，领悟能力强的人，稍加点拨即可；中等领悟能力，高深的道理可以传授，但必须费力气讲授；对领悟能力较差的人，过分高深的道理不必讲，那只会白费功夫。

【翻译】

孔子说："领悟中等以上，教之以哲理；中等以下者，哲理无须教。"

6.22 迟问知仁①

【原文】

樊迟问知。子曰："务民之义，敬鬼神而远之，可谓知矣。"问仁。子曰："仁者先难而后获，可谓仁矣。"

【注释】

① 迟问知仁：樊迟来自农家，具有农家子弟的纯朴，但悟性一般。孔子或许是出于因材施教的考虑，总以朴实无华的道理应答樊迟之问。樊迟问智，孔子就"务民之义"回答樊迟说："敬鬼神而远之。"即要引导民众把握祭祀的度，祭祀之根本在于敬，要通过祭祀，实现真诚的沟通。但又必须祛除对鬼神的迷信，迷信鬼神会迷乱心志。对待鬼神，又必须"远之"。这便是先民的生活智慧，不需对鬼神追问究竟，只需保持着敬畏。

【翻译】

樊迟问智，孔子说："务民用道义，引导民敬畏鬼神，并祛除迷信，可谓有智。"再问仁，孔子说："先付出足够艰难，再思虑收获，即可谓有仁。"

6.23　仁山智水①

【原文】

子曰："知者乐水，仁者乐山。知者动，仁者静。知者乐，仁者寿。"

【注释】

① 仁山智水：水清澈明净圣洁，给人心灵以洗涤。智者欲出污浊而不染，必向往水的纯净与高洁。同时水流淙淙，大音天籁，能抚平躁郁，启迪心智。所以智者乐与水为邻，更乐临水作歌，水的灵动，也成就智者生命如歌，所以"智者乐水"。仁者有大爱存于胸，生命以崇高为皈依，活得厚重而坚实，故静而寿。仁者生命如山，厚德载物，生命能够与山高度相契，所以"仁者乐山"。

【翻译】

孔子说："智者喜水，仁者亲山；智者喜动，仁者好静；智者怡乐，仁者高寿。"

6.24　世道之变^①

【原文】

子曰："齐一变至于鲁，鲁一变至于道。"

【注释】

①世道之变：在孔子心目中，天下无道久矣！虽齐鲁都偏离了道，但鲁保留传统文明较多，比齐更适合君子成长，所以鲁更近道。世道之变，当从齐始，齐而后至鲁，鲁而后至道。

【翻译】

孔子说："世道之变当自齐始，齐变至鲁，鲁变至道。"

6.25　不觚觚哉^①

【原文】

子曰："觚不觚，觚哉，觚哉！"

【注释】

① 不觚觚哉：觚，古代青铜质酒器，盛行于商代和西周初期，喇叭形口，细腰，高圈足。须从"正名"意义来理解孔子的感叹。他说：觚不像觚，那还是觚吗？正如君不像君，如何能以君相侍奉？这说明"名不正"的现象，当时已十分普遍，这让孔子感到既愤怒又无奈。

【翻译】

孔子说："觚没有觚的样子，那还是觚吗？那还是觚吗?!"

6.26　井有仁者

【原文】

宰我问曰："仁者虽告之曰：'井有仁者焉。'其从之也?"子曰："何为其然也。君子可逝也，不可陷也；可欺也，不可罔也①。"

【注释】

① 不可罔也：罔，恶意愚弄。孔子认为：仁人君子的良善之心，是不可能被利用和欺骗的。他良知的启动，一定会是在真实场景的感召下。譬如仁者亲眼见到有人在身边坠井，他会萌发救人的冲动。否则，当善心被蛊惑或蒙蔽之时，此种善行，便可能变成被人利用的愚蠢。仁者以明智为前提，不能识别欺骗与愚弄，无以为君子。

【翻译】

宰我问："若有人告知：'前方有人坠井'，仁人会施救吗?"孔子说："怎么会这样？君子可远害，不可被陷害；可容善意之欺，不可容恶意之罔。"

6.27　君子弗畔①

【原文】

子曰："君子博学于文，约之以礼，亦可以弗畔矣夫！"

【注释】

①君子弗畔：在孔子看来，君子需要通过博学，来改变精神气质，这一过程通常被称为"文化"，指祛除野蛮气质的德修。人有了文化，就提高了守礼的自觉性，即被"约之以礼"。经过这种改变精神气质的修养，君子们做事，一般不再会违背人情，做出违背道义的事，即"亦可以弗畔矣"。

【翻译】

孔子说："君子博学而文化，守礼成自觉，就不会参与叛乱！"

6.28　子见南子

【原文】

子见南子①，子路不说，夫子矢之曰："予所否者，天厌之！天厌之！"

【注释】

① 子见南子：爱美之心，人皆有之。夫子也不例外。美而放荡的南子约见孔子，孔子赴约，引发子路不悦。难得的是，子路敢于对夫子表示不满。孔门师生间那种亦师亦友的真诚，十分令人神往。更值得称道的是，对子路的不悦，孔子不仅没震怒，而是窘态毕现！尤其他在弟子面前对天发誓的做法，让人觉得十分感动。孔子没有后世道学家的那种师道尊严。此种形象，让人觉得亲切可敬。

【翻译】

孔子见南子，子路不悦，夫子对天发誓说："我若非礼，天将弃我！天将弃我！"

6.29 中庸至德①

【原文】

子曰："中庸之为德也，其至矣乎！民鲜久矣。"

【注释】

① 中庸至德：中庸者，以中为用，反对偏执极端，倡导做事要把握分寸。从学理上讲，"中"也者，乃一虚灵真实的形而上学之点，同时是道德哲学所追求的至高目标；从实践意义言，中庸之为德，又确实十分难以把握。所以孔子认为：中庸是德行的最高境界。既然是最高境界，就不是随便什么人都能够达到的，故"民鲜久矣"。这种具有中庸之大德的有德者，人们已经很久没有见到了。

【翻译】

孔子说："中庸作为德行，当为最高境界！可民众已好久未能领教了。"

6.30 能近取譬

【原文】

子贡曰："如能博施于民而能济众者，何如？可谓仁乎？"子曰："何事于仁，必也圣乎，尧舜其犹病诸！夫仁者，己欲立而立人，己欲达而达人。能近取譬①，可谓仁之方也已。"

【注释】

① 能近取譬：朱熹说："近取诸身，以己所欲譬之他人，知其所欲亦犹是也。"就是通常所说的"换位思考，将心比心"。它是儒家世界观的根基。儒家不会把他人想象成地狱，更不会把我们身边的世界想象成"一切人对一切人战争"的状态。儒家用"友善"来想象他人，他者的心是可以被美德感化的，他人是可以被完美人格征服的。所以正确的行为原则是：己欲立而立人，己欲达而达人。儒者以积极达观的心态，来面对世界的险恶、黑暗与苦难。并以积极入世的态度，竭力想让生活与世界变得更美好。善意的生活态度，使得"仁者"把改善世界作为自己的生命追求。

【翻译】

子贡说："以勋业使民众普得恩惠，如何？可否称为仁人？"孔子答："何止于仁人，该被称为圣人了吧！可连尧、舜都很难做到啊！所谓仁者，自己若能接受，方可要求他人；自己不愿接受，决不强迫别人接受。换位思考，将心比心，是施仁的根本方法。"

第七篇 述 而

【题解】

朱熹说："此篇多记圣人谦己诲人之辞及其容貌行事之实。"其实，孔子倡导君子人格，不能仅仅靠教导学生和别人去做，更主要的是孔子自己必须言行一致。即孔子自己必须带头践行君子之道，否则孔子所倡导的君子人格就会缺乏说服力。《论语》的编撰者们深谙此道理，所以本篇主要通过孔子的人格展示，来为优美的君子人格树立一种标杆。

本篇共 38 章，是《论语》中篇幅较长、收录内容较多的篇章之一。主要通过以下方式来描述孔子形象：

1. 夫子自鉴：主要记述的是孔子对自己行为的自我评价与解释，该内容为本篇的主体，超过一半（20 章）。其中：述而不作、学诲不倦、乐在其中、乐以忘忧、敏以求古、择善而从、其如予何、多见而识、斯仁至矣、躬行君子、则吾岂敢等章，都比较有名。大致反映了孔子做人、治学的基本态度，以及孔子对自己人格境界的基本判断与评价。

2. 学生印象：记述的是学生们对孔子的总体印象，计有 11 章，其中以"子以四教"章最为出名，它把孔子及其弟子们的全部教学活动，用"文、行、忠、信"四字作归纳，反映了学生们对孔子所开创的民间教育与民间学术活动的全部体认。而子之燕居、未尝饱也、是日不歌、子之所慎、子所雅言、夫子不语、钓而不纲、歌善而和等章，主要记述的是孔子的生活方式及其思维方式。

最重要的是本篇的最后一章，它通过"温而厉、威而不猛、恭而安"

来为孔子画像，而且所画出的是一幅栩栩生动的孔子肖像！本章是对全篇的总结与点题，全篇的题目确定为"子肖"就比较合适。其他记述孔子与弟子互动的内容，则可以看作是对孔子形象描述的补充。从本篇所记的孔子自述、与弟子们的对话，以及弟子们所表述的总体印象中，我们不是可以读出一个真切感人的孔子来吗？他坚毅而安详，他的睿智让我们赞叹，他的平易让我们动容，他与弟子们的亲密无间让我们羡慕，他追逐生命的崇高，且锲而不舍，又让我们由衷地敬佩！

7.1　述而不作

【原文】

子曰："述而不作①，信而好古，窃比于我老、彭。"

【注释】

① 述而不作：阐述较易，有感而发而已；撰著者难，有载道之重。孔子自谦，说自己只阐发而不撰著，可那只是孔子的早年，晚年他信而好古，善于从历史中汲取灵感，并作《春秋》以正世道，进而让自己精神生命万古绵延，以不朽论，显然超过了长寿者老子、彭祖。

【翻译】

孔子说："我爱阐述而轻撰著，笃信良知而敏以求古，暗自与老子、彭祖比不朽。"

7.2　学诲不倦①

【原文】

子曰："默而识之，学而不厌，诲人不倦，何有于我哉！"

【注释】

① 学诲不倦：孔子从两个方面总结自己的生活：对己"学不厌"，对人"诲不倦"。由于"学不厌"而孜孜以求，把体道悟道作为生活方式；由于"诲不倦"而耿耿以与，把助人成长作为天职。多么平凡的追求！又是多么崇高的境界！

【翻译】

孔子说："面玄冥而悟，向学无厌，教人不倦。我平日所做，只此而已！"

7.3   夫子之忧

【原文】

子曰："德之不修，学之不讲，闻义不能徙，不善不能改，是吾忧也。"

【翻译】

孔子说："德行不修，学问不讲，知道义不迁善，晓恶习不改过，乃我所忧。"

7.4　子之燕居

【原文】

子之燕居①，申申如也，夭夭如也。

【注释】

① 子之燕居：闲居中的孔子，其容舒展，其色怡然。生活必须有张有弛，否则精神之弦就有绷断的危险。

【翻译】

孔子闲居，其容和舒，其态怡然。

7.5　子之忧衰①

【原文】

子曰："甚矣，吾衰也！久矣吾不复梦见周公！"

【注释】

① 子之忧衰：孔子与周公，有种穿越时空的生命契合。追求像周公那样的人生，始终是孔子的人生梦想。周孔之遥契，成就了中华民族伟大而美

好的人文传统。

【翻译】

孔子说:"糟糕,我真的老了吗!已好久未能梦见周公了!"

7.6   孔门所训①

【原文】

子曰:"志于道,据于德,依于仁,游于艺。"

【注释】

① 孔门所训:本章所记似乎是孔子用于自励的人生座右铭,同时也可能是孔子治学之总纲,类似我们今天许多大学的校训。

【翻译】

孔子说:"立志于弘道,凭依于德行,邑居于仁境,游刃于'六艺'。"

7.7   未尝无诲

【原文】

子曰:"自行束脩①以上,吾未尝无诲焉。"

【注释】

① 束脩：一束干肉。孔子"有教无类"，破天荒地为贫民子女跻身上层社会打开了一扇窗。中华民族的阶级流动，由此变成可能，这也为华夏民族的文明进步，翻开了历史性的新一页。

【翻译】

孔子说："自奉干肉一束，我无拒教之理。"

7.8　举一反三①

【原文】

子曰："不愤不启，不悱不发。举一隅不以三隅反，则不复也。"

【注释】

① 举一反三：隅，原意角落，这里指物之四边。"愤"是憋闷，"悱"是不吐不快。都是指学生胸中的问题已累积成了堆，此时一经老师点拨，学生便会心领神会，所以可以达到"举一反三"的功效。孔子教学，鼓励独立思考，培养问题意识，注重当下点拨。

【翻译】

孔子说："胸不憋闷，不点示，心不欲发，不点拨。举出一边，不能把整物想见，则需换个角度。"

7.9   未尝饱也

【原文】

子食于有丧者之侧，未尝饱也①。

【注释】

① 未尝饱也：将心比心，食于有丧者之侧，必然受有丧者悲痛感染，食不甘味，如何能饱？可见夫子的仁者之心！

【翻译】

孔子用餐于有丧者之侧，未尝吃饱过。

7.10   是日不歌①

【原文】

子于是日，哭则不歌。

【注释】

① 是日不歌：孔子临丧，以虔敬之心而哭，并影响他一整天的心情，故是日不再有心情唱歌。

【翻译】

孔子临丧而哭，此日不再唱歌。

7.11　吾不与也①

【原文】

子谓颜渊曰："用之则行，舍之则藏，唯我与尔有是夫！"子路曰："子行三军，则谁与？"子曰："暴虎冯河，死而无悔者，吾不与也。必也，临事而惧，好谋而成者也。"

【注释】

① 吾不与也：此章有趣。孔子称赞颜渊，让子路顿生妒意，而孔子则借机揶揄子路。整个对话妙趣横生！

【翻译】

孔子赞颜渊："用时能有作为，不用则知敛藏，只有你与我可以做到！"子路说："你率三军，选谁为伴？"答："搏虎涉河，险不自知者，我不会选。如选，遇事冷静、会谋划而能成事者最理想。"

7.12　从吾所好

【原文】

子曰："富而可求也，虽执鞭之士①，吾亦为之。如不可求，从吾所好。"

【注释】

① 执鞭之士：持鞭驾车者，多借以表示卑贱的差役。孔子生活的时代，能够给人提供致富的机会，的确很少。但更重要的是，孔子的生活目标根本不在致富，他有更高尚的追求，这就是成仁成圣，但常人难于理解，所以孔子只是用"富不可求"来为自己辩护而已。

【翻译】

孔子说："富贵若可求，虽执鞭驾车，我也愿为。如不可求，我则从吾所好。"

7.13　子之所慎

【原文】

子之所慎，齐、战、疾。

【翻译】

孔子对斋戒、战事、疾病尤其谨慎。

7.14 在齐闻《韶》

【原文】

子在齐，闻《韶》，三月不知肉味，曰："不图为乐之至于斯也！"

【翻译】

孔子居齐，欣赏《韶》乐，三个月里食肉无味。说："音乐竟能让人如此陶醉，实在想不到！"

7.15 求仁得仁

【原文】

冉有曰："夫子为卫君乎？"子贡曰："诺，吾将问之。"入，曰："伯夷、叔齐何人也？"曰："古之贤人也。"曰："怨乎？"曰："求仁而得仁①，又何怨？"出，曰："夫子不为也。"

【注释】

① 求仁而得仁：本章的卫君，为卫出公姬辄。卫灵公卒，其子蒯聩逃

居晋国，蒯聩子辄即位为卫君。此时，孔子及其弟子们居卫，他们存在着仕与走的两难抉择。冉有与子贡私下议论，子贡答应去试探一下。于是就有了子贡与孔子关于伯夷、叔齐的谈话，因为伯夷、叔齐不曾降志而仕，孔子通过赞美伯夷、叔齐，表达了自己不愿意降志而仕卫出公的决心。

【翻译】

冉有说："夫子愿事新卫君吗？"子贡说："好吧，让我问问。"入室，问："伯夷、叔齐是什么样的人？"孔子答："古代贤人。"问："有怨吗？"答："求仁而得仁，怨什么？"子贡出，对冉有说："夫子不愿事。"

7.16　乐在其中

【原文】

子曰："饭疏食，饮水，曲肱而枕之，乐亦在其中①矣。不义而富且贵，于我如浮云。"

【注释】

① 乐亦在其中：儒、道、佛三家，都强调应超越世俗享受。但佛、道的超越，是以出家的方式，来与世俗生活做根本了断，而儒家更强调在精神上不被物质利益所绑架。孔子并不拒绝生活中的富与贵，但他所要求的是，富与贵的获取途径必须符合道义。所以"不义而富且贵，于我如浮云"。守住义的底线，身在俗世，依然超越。

【翻译】

孔子说："淡饭粗食，冷水瓢饮，曲臂席地而卧，因怀道而乐在其中。

富贵且不道义，对我宛若浮云。"

7.17 五十学《易》

【原文】

子曰："加我数年，五十以学《易》①，可以无大过矣！"

【注释】

① 《易》：作为一种占卜家们所使用的独特话语之《易》，孔子早年肯定没有接触过，所以整部《论语》几乎读不到《易》学思想的影子。依据朱熹推测：孔子晚年，起码晚至近七十岁，才开始接触《易》，他显然为《易》的博大精深而赞叹，并深为自己不能精通《易》而遗憾，说孔子为《易》作"十翼"，显然是后儒们的附会。包括"孔子读《易》，韦编三绝"之类的传说，也很可能是司马迁的演绎。

【翻译】

孔子说："多给我几年，譬如五十岁开始学《易》，也许就没有太大遗憾了！"

7.18　子所雅言

【原文】

子所雅言①，《诗》《书》执礼，皆雅言也。

【注释】

① 雅言："雅言"之使用，使得中原之民养成了共同使用汉字的习惯，它对我华夏民族之民，产生了强大的凝聚作用。以汉字为载体的文献，在诸侯列国之间的流行，划出了诸夏共同体之文明的边界。"雅言"在列国间的有效交流，同时也让华夏文明声名远播。

【翻译】

孔子所谓的雅言，即吟《诗》读《书》行礼所使用的语言。

7.19　乐以忘忧

【原文】

叶公①问孔子于子路，子路不对。子曰："女奚不曰：其为人也，发愤忘食，乐以忘忧②，不知老之将至云尔。"

【注释】

① 叶公：楚国叶县地方长官，故称公。此叶公，乃沈诸梁，字子高。

② 乐以忘忧：孔子评价自己：以乐观的态度，对待生活中的遭遇；以忘我的精神，对待自己所追求的事业；并在事业的成就中，实现着生活的充实；又在生活的充实中，完成着自己的生命旅程。相较佛陀把生命历程看成"苦海无边"，道家把全身长命视作根本价值，孔子的人生态度，更加阳光、更加健康，更能激励人积极向上。

【翻译】

叶公请子路介绍孔子，子路不答，孔子说："你干吗不说，他就是个'发愤至忘食，开心能忘忧，不知老年行将到来'之人。"

7.20　敏以求古①

【原文】

子曰："我非生而知之者，好古，敏以求之者也。"

【注释】

① 敏以求古：由于谦虚，孔子认为自己并非生而知之者，而仅属于较有天赋，又酷爱学习之人。但今天，纵观历史，我们可认为：孔子就是中华民族几千年仅此一人的杰出天才。在人类文明史上，也只有柏拉图、耶稣基督与佛陀，其才能与成就，方可与之相媲美。

【翻译】

孔子说："我并非生而有知者，喜闻古旧，勤奋地从其中求文悟道而已。"

7.21　夫子不语

【原文】

子不语①怪、力、乱、神。

【注释】

① 子不语：孔子不爱讨论的问题是：(1) 灵异、鬼怪，可能孔子就是认为自己说不清楚，所以拒绝讨论；(2) 暴力，如何使用暴力手段？孔子从不讨论，他对使用暴力迫使别人屈服，深感厌恶；(3) 叛乱，孔子同时对暴力反抗的僭越之乱，也无法认同，参与谋反是不可想象的；(4) 神灵，神灵只可敬畏，不可思辨与讨论。孔子对神鬼敬而远之，讨论它就等于亵渎。

【翻译】

孔子对志怪、暴力、作乱、神灵不予讨论。

7.22　择善而从①

【原文】

子曰："三人行，必有我师焉。择其善者而从之，其不善者而改之。"

【注释】

① 择善而从：孔子说，遇三人同行，就肯定可以找到值得我学习的东西。学他们身上好的东西，而对他们身上不好的东西，也可引以为鉴。此话特有名，自古讲到今。但认真实践者，难寻！人难免自恋，在不被忽悠而迷信的前提下，能对他人的活法表示尊重与理解的人，实在不多见！

【翻译】

孔子说："路遇三人，必可择而为我师。择人之善而学之，择其不善而鉴之。"

7.23 其如予何①

【原文】

子曰："天生德于予，桓魋其如予何?"

【注释】

① 其如予何：孔子携弟子过宋，讲学于大树下，司马桓魋派人欲推倒大树，暗算孔子。弟子说："可以速去也！"孔子则不以为然，这不仅表现了他临危不惧的大义凛然；同时也表现了孔子虽然身处困窘之中，但他对自己所肩负的历史使命，依然信心满满。常理说：人顺境要谨防自负，逆境则要谨防自弃。孔子为我们做出了榜样。

【翻译】

孔子说："上天赋德于我，桓魋岂能奈我何?"

7.24　吾无隐乎

【原文】

子曰："二三子以我为隐乎？吾无隐乎尔！吾无行而不与二三子者，是丘也。"

【翻译】

孔子说："你们觉得我会有所隐瞒吗？我毫无保留！我之所行所思，无不坦露于你们，此即我孔丘。"

7.25　子以四教①

【原文】

子以四教：文、行、忠、信。

【注释】

① 子以四教：夫子以"文、行、忠、信"教育弟子，文以成化，改变气质；行以笃实，知行合一；忠以修身，约己得中；信以得人，誉于乡里。

【翻译】

孔子以四者教人：化而成文，笃实而行，虔敬育忠，诚而养信。

7.26　君子有恒

【原文】

子曰："圣人，吾不得而见之矣，得见君子者斯可矣。"子曰："善人，吾不得而见之矣，得见有恒者斯可矣。亡而为有，虚而为盈，约而为泰，难乎有恒矣。"

【翻译】

孔子说："圣人，咱见不着，能见到君子就蛮好。"孔子又说："善人，咱见不着，能见着有恒者也蛮好。以无为有，以虚为盈，以简约为奢华，则难能有恒。"

7.27　钓而不纲①

【原文】

子钓而不纲，弋不射宿。

【注释】

① 钓而不纲：孔子信奉中庸，不愿意做事过分。包括捕鱼，孔子以垂钓为乐，而不去用网，用网会把鱼子鱼孙打捞尽净；也包括狩猎，对于栖息在巢穴中的鸟与兽，孔子不忍去猎杀。孔子以人为本，但对其他自然生命也充满爱怜。"心太软"，是儒家的本色。

【翻译】

孔子垂钓而不用网，猎射而不及宿。

7.28　多见而识

【原文】

子曰："盖有不知而作者，我无是也。多闻，择其善者而从之，多见而识之，知之次也。"

【翻译】

孔子说："大概是有不知而妄作者，可我不是。我多闻，且择善而从；多见而有洞识，把求知放在其次。"

7.29　不保其往

【原文】

互乡难于言。童子见，门人惑。子曰："与其进也，不与其退也，唯何甚？人洁己以进，与其洁也，不保其往①也！"

【注释】

① 不保其往：互乡为某地名，孔子及其弟子来到此地，由于沟通不畅，而发生些言语冲突。后有童子登门道歉，孔子坦然接受，并认为：对于真心认识到自己过错的人，就不应该揪住他的过往不放。孔子的大度与包容，在此寥寥数语中得以展现。

【翻译】

孔子与门人到互乡，因言语不通而生冲突。后有童子求见，孔子应而门人惑，孔子说："与其得理不让，不如留有余地。何必过分？人洗心求见，念及真诚，过往已可以不咎了！"

7.30　斯仁至矣

【原文】

子曰："仁，远乎哉？我欲仁，斯仁至矣①。"

【注释】

① 斯仁至矣：虽然"仁人"的人生目标十分高远，但"仁"又不因其高卓而远离于人，她就寓于我们真诚的生命里。只要我们能够真心向仁，仁便会像一束温煦之光，把我们生命的里程照亮。

【翻译】

孔子说："仁，距人很远吗？只要我心向仁，仁便会在我的生命中常驻。"

7.31　夫子知过①

【原文】

陈司败问昭公知礼乎，孔子曰："知礼。"孔子退，揖巫马期②而进之，曰："吾闻君子不党，君子亦党乎？君取于吴为同姓，谓之吴孟子。君而知礼，孰不知礼？"巫马期以告。子曰："丘也幸，苟有过，人必知之。"

【注释】

① 夫子知过：陈国司寇陈司败问孔子："昭公知礼乎？"孔子显然有"为尊者讳"的考量，说"知礼"。但在常理面前，这肯定是错的，并遭致质疑。面对质疑，孔子没有文过饰非，而是坦然接受批评，并把有过人必知之看作一种幸事，其心胸大哉！

② 巫马期：巫马施，字子期，鲁人，孔门弟子，小孔子 30 岁。

【翻译】

陈司败问孔子："昭公知礼否？"答："知礼。"孔子退后，陈司败揖而见子期，问："听说君子不偏袒，君子也能够偏袒吗？昭公娶女于吴，同姓而婚，取名吴孟子。如昭公知礼，那还有何人不知礼？"子期告之，孔子说："我很幸运，一旦有过，必有人察觉。"

7.32　遇善使反

【原文】

子与人歌而善①，必使反之，而后和之。

【注释】

① 歌而善：孔子善歌，遇上能与己节奏音韵皆合拍者，必使之反复，以尽享和谐。因知音难觅，遇上了就应好好珍惜！

【翻译】

孔子与人唱歌，遇能合节拍者，必请求其反复，以尽享和谐之乐。

7.33　躬行君子

【原文】

子曰："文莫，吾犹人也。躬行君子①，则吾未之有得。"

【注释】

① 躬行君子：人皆追求上进，谁会自甘堕落？但人追求上进，所选择的途径会有所不同。仁者孔子，选择以做君子为生命目标，把人生境界的提升和人格完美，作为终生追求。

【翻译】

孔子说："对文明的仰慕，我无异于常人。所异者我能躬行君子之道，虽不算取得成功。"

7.34　则吾岂敢

【原文】

子曰："若圣与仁，则吾岂敢①？抑为之不厌，诲人不倦，则可谓云尔已矣。"公西华曰："正唯弟子不能学也。"

【注释】

① 则吾岂敢："圣与仁"都是生命目标，即生命理想。生命理想之于人，只是一种虚灵的真实。说其虚灵，因为没有办法真正达到和实现。没有谁可以在某天宣称：自己已成为圣人或仁人了。但同时理想一旦确定，此目标就会与生命同在，一直存在于人的真诚生命里，所以是"虚灵的真实"。

【翻译】

孔子说："自诩圣与仁，我岂敢？抑或'学而不厌，诲人不倦'，像我曾说过的那样而已。"公西华说："此正是弟子们欲学而做不到的。"

7.35　丘祷久矣

【原文】

子疾病，子路请祷①。子曰："有诸？"子路对曰："有之。诔曰：'祷尔于上下神祇'。"子曰："丘之祷久矣。"

【注释】

① 子路请祷：孔子病重，子路请巫祷，但孔子不信祷真能治病。

【翻译】

孔子重病，子路请巫祷。孔子醒后问："有吗？"子路答："是有，祷词说：'请求上下神灵保佑。'"孔子说："祷告我早做了。"

7.36　与奢宁固①

【原文】

子曰："奢则不孙，俭则固，与其不孙也，宁固。"

【注释】

① 与奢宁固：奢也者，家境好而奢侈，待人接物傲慢，不懂得尊重他人；俭也者，由于贫贱而自卑，与人交往缺乏自信，爱用"固"的方式，锁闭自己。孔子相信教学生提高自信，比教其克服傲慢要来得容易。

【翻译】

孔子说："生活奢华者多不逊，生活俭陋者多自闭。与其教不逊，倒不如教自闭。"

7.37　君子坦荡

【原文】

子曰："君子坦荡荡①，小人长戚戚。"

【注释】

① 君子坦荡荡：生活中，君子目光远大，胸怀坦荡，容己容人，有容乃大；而小人反之，工于计算，心胸狭小，算人算己，多有抱怨。

【翻译】

孔子说："君子大度而坦荡，小人小气而多怨。"

7.38　子肖如斯

【原文】

子温而厉，威而不猛，恭而安。

【翻译】

孔子他温和而严厉，庄重而慈祥，恭敬而安泰。

第八篇　泰　伯

【题解】

"泰伯"全篇有无主题？从首章"泰伯三让"，到终 4 章"子说三代"，依稀可辨出一个"禅让"主题来。但中间插入太多，尤其 3—7 章，全为记述曾子言行，让人怀疑整篇为曾门弟子所辑。而 8—17 章的 10 章，主题显得散乱，但可使由之、死守善道、士谋当位等章内容，十分重要。从整体格局来看，本篇定题为"说史"，较为妥当。

何为历史？历史不过是述说者把自己对生活的感悟，诉诸关于过去时代发生过什么的叙事，而叙事的内容，是历史学家根据自己的切身感受，对历史经验材料所进行的选取与把握。历史学家所使用的经验材料，通常是以记忆碎片的方式呈现在历史资料的故纸堆里，历史学家通过对"历史事实"的认定，然后把这些记忆碎片给拼贴起来，再以说故事的方式，把他心目中的"历史"给呈现出来。对历史学家来说，拥有对生活的感悟，是他们诉说历史的必要前提，如果对生活没有感悟，他们所说出来的故事就没有道理，而没有道理的故事，对社会没有意义。

华夏文明的史学传统，是由孔子所开创的，"孔子说三代"与"孔子作《春秋》"是孔子为中华民族的史学文明作出的两大标志性贡献。在孔子之前，关于"三代"的故事，在民间肯定普遍流传，故事的真实性也根本无法考究。孔子在学术上首次肯定这种传说，其意义在于：他认为"天下"本质上是应该为公的，血缘继承的世袭制度，把"天下"视为一家一姓之私产，其实并没有正当性。孔子对尧舜禅让故事的称颂，彰显"公天下"的新观念，进而构成对公权力血亲继承制度的根本否弃。

而后，在《礼记·礼运》篇中，则进一步把问题的性质说破。《礼运》曰："大道之行也，天下为公。……今大道既隐，天下为家。"这是说：自大禹以来的华夏文明，在政治权力更替方面的制度，是不符合天下之大道的，也就是说这种制度的安排是不具有正当性的。在这之前民间传说的"三代禅让"，那只反映一种民间的愿望与企盼，而孔子则是用"三代禅让"的故事，来阐释自己的政治思想，他已经把民间愿望提升为制度理性，这反映的是中华民族在制度理性上的一次觉醒，并且是革命意义的觉醒。

而孔子"作《春秋》"，则在于他对历史现象的独特体悟。他十分睿智地发现：在时间的长河中，将中华文明史截取 242 年，从而在一个不太长的历史时段内，各历史事件可以呈现出一种结构特征（即可以对历史事件进行从大到小的排序）。历史的本体，是一种呈现出结构特征之本体，历史的事件，也只有当它被置于其本体结构之中时，它才会被赋予其历史意义，而作为历史人物的个人，他的生命价值及意义，只能够由具有结构特征的历史本体而贞定，或者说作为历史人物的个人，他生命的价值和意义，取决于他在历史进程中所起的作用。所以中国传统士大夫，才可以把"留取丹心照汗青"作为自己的人生信念。同时对"历史审判"的恐惧，也使得一大部分"乱臣贼子"不敢任性地肆意作恶。

或者说得更通俗一点：是孔子发现了可以使用历史，来对历史中的人物进行审判，于是便高举起"史以载道"的大旗，审罪恶，褒善良，把天理良心诉诸历史的叙事之中。是孔子的这一伟大发现，让儒家的人生观得以奠基。儒家士君子们之所以选择以成圣、成仁为生命目标，是因为他们笃信历史审判的公正性，相信自己只要为民族与社会作出了力所能及的贡献，历史就不会忘记自己，自己的名字与灵魂，也就会因此而不朽。一代又一代中华民族的精英们，由于对历史审判的笃信，而凝聚起了我们华夏的民族之魂。正如欧罗巴民族对上帝审判的信仰凝聚起欧罗巴的民族魂魄一样，中华民族依靠对历史审判的信仰，让民族魂魄不散，进而让同胞们命运与共，在风雨中团结如磐。

8.1   泰伯三让^①

【原文】

子曰:"泰伯,其可谓至德也已矣!三以天下让,民无得而称焉。"

【注释】

① 泰伯三让:孔子赞美泰伯,主要赞美他"三让天下"。故事是:周太王古公亶父有三子,长子泰伯,次子仲雍,三子季历。季历生姬昌贤,太王属意昌。泰伯、仲雍闻之南逃,太王逝,季历即位,是为一让;季历亡,姬昌即位,是为二让;姬昌逝,姬发即位,是为三让。泰伯为吴开国之君,筚路蓝缕,开发出东南的繁盛。人民对泰伯的品德与勋业,极为景仰。

【翻译】

孔子说:"吴泰伯,其德业无以复加!三让天下,人民不知该如何称颂他。"

8.2   无礼四弊^①

【原文】

子曰:"恭而无礼则劳,慎而无礼则葸^②,勇而无礼则乱,直而无礼则绞③。君子笃于亲，则民兴于仁。故旧不遗，则民不偷。"

【注释】

① 无礼四弊：礼是社会的行为规范，所谓规范，对人的行为必具有调节作用。恭、慎、勇、直都是孔子所倡导的君子品格，但要躬行君子，必须用礼对恭、慎、勇、直的品行进行调节。

② 葸：胆怯。

③ 绞：尖刻伤人。

【翻译】

孔子说："恭而无礼则拘谨，慎而无礼则胆怯，勇而无礼则乱来，直而无礼则尖刻。君子有礼而亲亲，民众友爱而兴仁，往贤故旧不遗弃，遇战民众不偷生。"

8.3 吾知免夫

【原文】

曾子有疾，召门弟子曰："启予足，启予手。《诗》云：'战战兢兢，如临深渊，如履薄冰。'而今而后，吾知免夫①，小子！"

【注释】

① 吾知免夫：此章记曾子临终前与弟子们的对话，曾子让弟子把自己的脚与手摆放正，然后引《小雅·小旻》之诗句，来总结自己的一生。曾子一生谨慎，欲问心无愧，至死方可解脱！

【翻译】

曾子重病，召门下弟子说："摆正我足，摆正我手。《诗》云：'战战兢兢，如临深渊，如履薄冰。'从今而后，我便可解脱了，弟子们！"

8.4　其言也善

【原文】

曾子有疾，孟敬子问之。曾子言曰："鸟之将死，其鸣也哀；人之将死，其言也善①。君子所贵乎道者三：动容貌，斯远暴慢矣；正颜色，斯近信矣；出辞气，斯远鄙倍矣。笾豆之事，则有司存。"

【注释】

① 其言也善：此章记曾子临终前对鲁大夫仲孙捷（孟敬子）所留之遗言，他尤其关心自己精神遗产的传承。他总结自己学做君子一生，觉得有三点值得注意：一是重仪表，仪表堂堂可远暴慢；二是正脸色，媚色则卑，厉色则亢，不卑不亢可获信赖；三是讲谈吐，言谈举止粗俗，让人鄙视，易生悖乱。

【翻译】

曾子病重，孟敬子请问。曾子说："将死之鸟，其鸣哀号；临终之人，尽陈善言。君子最可贵品质有三：重仪表，让暴虐、傲慢不及身；正脸色，不卑不亢赢信赖；讲谈吐，言辞高雅获尊重。至于祭祀之事，就让专职人员打理吧。"

8.5　吾友尝斯^①

【原文】

曾子曰："以能问于不能，以多问于寡，有若无，实若虚，犯而不校。昔者吾友尝从事于斯矣。"

【注释】

① 吾友尝斯：人能够折节下问，而不觉有耻，甚至能虚怀若谷，对冒犯也不计较，乃是人生的最高境界。曾子说，只有他从前的一个朋友可以做到，估计应是颜回。

【翻译】

曾子说："有能问于无能，有知问于无知，视己之知为无物，真切且虚怀若谷，遇横逆也不计较，唯我昔之一友，可经常做到。"

8.6　君子人也

【原文】

曾子曰："可以托六尺之孤，可以寄百里之命，临大节而不可夺也，君子人与？君子人也^①。"

【注释】

① 君子人也：君子品格的核心是诚信，有诚信才能让人感觉放心，才敢于将重大之事托付。所以曾子认为：君主危亡，敢将幼主及百里之国托付的那个人，便最具诚信。此人若有勇气担当，临危难而不折节操，历万险而不辱使命，此人便是真君子。

【翻译】

曾子说："人敢将幼主托付，敢把挽国于危难的使命授予，在历史的大关节点上临危不惧、志不可夺，此人岂不君子？君子哉此人！"

8.7　任重道远①

【原文】

曾子曰："士不可以不弘毅，任重而道远。仁以为己任，不亦重乎？死而后已，不亦远乎？"

【注释】

① 任重道远：士，本来指读书人。古时读书人少，绝大多数为官家所用。所以多数场合，士就是君子或官人的同义语。孔子以仁人释君子，赋予了士以仁者品格，进而增加了士"胸怀道义，拯民济世"的责任。肩负着如此伟大责任的士人，做人的格局就不能不弘大，对意志品质的要求，也就不能够不坚毅。以仁为己任，将生命安顿在仁里，并通过建功立业来实现生命价值，这是多么沉重的人生使命呵！所以曾子感叹："不亦重乎?！"要奋斗到生命终结，方能够完成，此途岂不十分遥远？

【翻译】

曾子说："士，做人格局不能不弘大，意志品质不能不坚毅，因为使命重大、前途遥远。仁为己任，责任能不重大？至死方休，前路能不遥远？"

8.8　教三部曲①

【原文】

子曰："兴于《诗》，立于礼，成于乐。"

【注释】

① 教三部曲：本章记孔子谈教育，谈的不是一般的教育方法或意义，而是笼统地谈教育的各个阶段。"兴于《诗》"是学说"普通话"，进而过语言关，语言是沟通工具，不识语言，何以沟通？"立于礼"是学做人，礼教人以规矩，不识规矩，何以做人？"成于乐"是学文化，"乐"指整体修养，后来演变为琴棋书画，修养不行，何敢以"读书人"自诩！

【翻译】

孔子说："初起于读《诗》，后学于行礼，再成于文化。"

8.9　可使由之①

【原文】

子曰："民可使由之，不可使知之。"

【注释】

① 可使由之：本章蕴藏孔子治国理政的大智慧，道理是：官不可与民斗，官民斗力，官逼民反；官民斗气，民心丧尽；官民斗智，刁民四起。当民怨蓄积的时候，官方正确的应对之道是："使民由之"，让民怨得以疏解；而当官与民斗心眼时，就是"使民知（智）之"，即培养"刁民"，这样国家如何能得以治理？

【翻译】

孔子说："民有怨可疏解之，不可与民斗心眼。"

8.10　不仁之疾①

【原文】

子曰："好勇疾贫，乱也。人而不仁，疾之已甚，乱也。"

【注释】

① 不仁之疾：好勇者，偏好使用暴力，再不满生活的困窘，便要作乱，要么为匪为盗，要么为兵贼民。若再遭遇为富不仁者，社会的怨恨就会积聚，并最终酿成大动乱。

【翻译】

孔子说："好勇而畏贫，祸乱之根；再遭遇天良缺失，国之病重矣，或大乱将至。"

8.11　余不足观①

【原文】

子曰："如有周公之才之美，使骄且吝，其余不足观也已。"

【注释】

① 余不足观：骄傲与吝啬，是人生最大的毛病。孔子认为：即使有周公那样的才德，若犯了骄傲与吝啬的毛病，其余的优点都不值得欣赏。

【翻译】

孔子说："纵然有周公的才华与美德，倘若骄傲且吝啬，其余优点也无欣赏价值。"

8.12　学不至谷①

【原文】

子曰："三年学，不至于谷，不易得也。"

【注释】

① 学不至谷：致力于道而学者鲜，致力于谷而学者众。古时为学者，也多为稻粱谋。所以孔子说：学三年而不打算谋职位，实属难能可贵。

【翻译】

孔子说："为学三年，不牵挂谋职，实在难得。"

8.13　死守善道①

【原文】

子曰："笃信好学，守死善道，危邦不入，乱邦不居。天下有道则见，无道则隐。邦有道，贫且贱焉，耻也；邦无道，富且贵焉，耻也。"

【注释】

① 死守善道：孔子要求士人们，胸怀天下，志向崇高，坚守信念。为

了这分人生信念的坚守，可以"危邦不入，乱邦不居"。不让社会的污秽，玷污自己的灵魂。但在秦汉大一统以后，士人要坚守人生信念，不与世俗同流合污就十分难，因为他们逃已难逃，隐亦难隐。

【翻译】

孔子说："笃实诚信地向学，恪守良善的底线，险境不入，危国不居。天下有道，报国以忠；天下无道，隐而修身。国有道，贫贱当以为耻；国无道，富贵当以为耻。"

8.14　士谋当位①

【原文】

子曰："不在其位，不谋其政。"

【注释】

① 士谋当位：不在其位者，往往不能对政情有充分把握，此时所谋，多属于乱谋。自以为比当事者高明，但多为离谱妄见。所以孔子主张：不在其位，不谋其政。但不谋不是要放弃批评的权利，士人如果对政治的无道无动于衷，对政治的压迫麻木不仁，那他就该失去士的资格。读书人必须承担起社会批判的责任，但社会批判，也不意味着一定要与政府唱反调。士人们须守住"不谄媚政府"的底线，同时也应对政府的正道行为，予以客观公正的肯定。政治化妆师，不应成为士人的职业。

【翻译】

孔子说："不居权力者位，莫操权力者心。"

8.15　洋乎盈耳①

【原文】

子曰："师挚之始,《关雎》之乱,洋洋乎盈耳哉!"

【注释】

① 洋乎盈耳:孔子音乐修养极高,听乐能始终陶醉其中。本章所记,孔子自大乐师启奏起,到演奏完《关雎》之终篇止,美妙音乐一直在耳边萦绕。

【翻译】

孔子说:"从师挚起奏,到《关雎》奏完,乐盈于耳,洋洋绵绵。"

8.16　吾不知之

【原文】

子曰:"狂而不直,侗而不愿,悾悾而不信,吾不知之①矣。"

【注释】

① 吾不知之:有三类人,孔子说他搞不懂,一是狂妄而有谋,二是懵

懂而有数，三是无能又无信。狂妄而有心计，太可怕；假装懵懂而内心有数，则看不透；无能且无信，行为更不可预测。

【翻译】

孔子说："狂妄而有心计，懵懂而精明，无能且无信，我都看不懂。"

8.17　学恐不及①

【原文】

子曰："学如不及，犹恐失之。"

【注释】

① 学恐不及：学的过程，相当于人生的一场竞逐。落后时拼命追赶；领先后又担心被别人超越。所以孔子认为：人生如赛场，生活就是命运主导下的一场并非完全公平的竞赛。

【翻译】

孔子说："学如竞赛，争先恐后。"

8.18　舜禹不与

【原文】

子曰："巍巍乎！舜禹之有天下也，而不与①焉。"

【注释】

① 不与：不是靠血缘继承而获得的政权。这可能是华夏文明史上第一次以历史文献的方式来说三代，并且主要是说三代禅让的故事，意义非凡！

【翻译】

孔子说："崇高啊！舜和禹的享有天下，都不是靠血缘继承而得来。"

8.19　尧之为君①

【原文】

子曰："大哉！尧之为君也。巍巍乎，唯天为大，唯尧则之。荡荡乎，民无能名焉。巍巍乎，其有成功也。焕乎，其有文章。"

【注释】

① 尧之为君：孔子这里极尽文采之能事，来赞美尧。为何尧在孔子心

中占据如此高的地位？虽然"尧之禅位"的故事，历来就有人怀疑。荀子甚至认为是"浅陋者传说"之"虚言"，而韩非子更进一步说"舜逼尧、禹逼舜"，都是"人臣弑其君者"，而根本就不是什么"禅让"。后来发现的《竹书纪年》也记云："昔尧德衰，为舜所囚；舜囚尧于平阳，取之帝位。"但众多的质疑者，根本不理解孔子盛赞尧的深意。在华夏的文明史上，尧是把天下视为公有之天下的第一人，并将天下当作共有财产，传给一个与他没有任何血缘关系的贤者。这种品德的高尚，任何现有语言都难以名状。在整个人类文明史上，也只有古希腊的梭伦和近代美国的华盛顿，曾有过此类伟举。不贪恋权力，往往是在野者对当权者的祈望。真正当权者，在没有外力胁迫的情景下，心甘情愿地和平下野，这绝非一般境界之人所能够做得到的。至于舜之禅让，因为他前面已经有了先例，他的禅让就有一种不得已的因素。正如美国后来的任何一届总统，其美德都没有办法与华盛顿比肩一样。

【翻译】

孔子说："伟大啊！君王者尧。崇高啊！天的崇高，唯尧之德敢与之相匹。浩荡啊！尧德之浩荡，民无法用语言来称颂。崇高啊！尧的勋业万世不朽。辉煌啊！他为民族谱写出了不朽的华章！"

8.20　于斯为盛[①]

【原文】

舜有臣五人而天下治。武王曰："予有乱臣十人。"孔子曰："才难，不其然乎？唐虞之际，于斯为盛。有妇人焉，九人而已。三分天下有其二，以服事殷。周之德，其可谓至德也已矣。"

【注释】

① 于斯为盛：本章主题是尚贤，即所谓得人才者得天下。先说舜得治天下，身边拥有一批能臣，股肱之臣者五；再说周武王靠能臣十人而夺取天下，赢得"周克大邑商"的辉煌胜利。在孔子"尚贤"思想的背后，把民分为贤与不肖，贤者，即社会精英；不肖者为普罗大众。文明的秩序，是将贤者选拔出来，并授予其治国理政的权力，即实行精英统治，让贤者居上位。如果不肖者居上位，贤者隐逸，则必然是天下无道。

【翻译】

舜有股肱之臣五，而得天下治。周武王说："我有治乱之能臣十人。"孔子说："人才难得，不是吗？唐虞以来，周武王时期最为鼎盛。有治乱之能臣十人，且有女性一人。得三分天下有其二，仍臣服于殷。周此时之德，臻于至德了。"

8.21 吾无间然

【原文】

子曰："禹，吾无间然①矣。菲饮食而致孝乎鬼神，恶衣服而致美乎黻冕，卑宫室而尽力乎沟洫。禹，吾无间然矣！"

【注释】

① 吾无间然：孔子赞美禹之德为"吾无间然矣"，即不知道还能说什么。禹执政，菲饮食而丰鬼神；恶衣服而美黻冕（朝堂之仪服仪冠）；卑宫室而尽力乎沟洫。克勤克俭，但绝不克扣祭祀、将就仪礼。对传统的敬畏，对天地鬼神的敬畏，对民生的敬畏，让孔子赞叹不已。

【翻译】

孔子说："禹啊！你让我如何赞美？克扣平日饮食，却丰盛鬼神祭祀，日常衣着随意，但黻冕讲究，宫室矮旧，却尽力疏浚河渠。禹啊！你让我如何赞美！"

第九篇 子 罕

【题解】

"子罕"全篇 31 章，有无主题？似有若无。在选编者心中，似乎有种欲说难说的东西存在，是种只可意会而不可言说的东西，像维特根斯坦所指出的那样，是种比性与天道更具有本体意义的东西——斯文。本篇的主题，当为斯文。

斯文是什么？她首先表现为一种文化精神，即文化现象背后的那种可被感知和体认的存在。譬如本篇首章，记孔子罕言利，却与命与仁，即终生与使命相伴、与仁共命。这所记述的便是孔子身上那种特有的刚毅、笃实与虔诚，进而表现为一种文化精神。只要我们用心品绎，就能感受到诸如："匹夫不可夺志"的豪迈，"子在川上曰"表达的勤勉，"岁寒，然后知松柏之后凋也"的坚毅，以及在畏于匡时，孔子的"文王既没，文不在兹乎？"所表达的那份自信与担当，那既是对文明传统活力的自信，更是对自己有能力继承和弘扬传统的自信。

作为文明传统的斯文，她存活于我们每个文明人的生活中，或者说是斯文决定着我们的生活方式，她是我们活法的代名词。斯文不坠，是文明民族赖以绵延与复兴的前提；斯文扫地，则是文明民族堕落的标志。近代中国，经历了百年的斯文扫地，现在该是到我们找回斯文、重建斯文的时候了。

9.1　与命与仁

【原文】

子罕言利，与命与仁①。

【注释】

① 与命与仁：就是要终生与使命相伴，与仁同体共命。这是一种庄严而任重的生命选择，面向崇高，追求成圣，面美而生。

【翻译】

孔子较少关注利益，与弘道同体，与仁共命。

9.2　无所成名

【原文】

达巷党人曰："大哉孔子！博学而无所成名①。"子闻之，谓门弟子曰："吾何执？执御乎，执射乎？吾执御矣！"

【注释】

① 无所成名：大器者，不器。孔子由于博学而通达，所以成不了专家。

达巷党人赞孔子大器，又责备孔子一无所专。孔子以戏谑的方式，回应这种善意的责备。社会其实既需要专才，又需要通才。乡人只识鲁班之艺，但孔、老的价值，唯通达者方能识得。

【翻译】

达巷党人说："大器啊，孔子！如此博学却成不了专家。"孔子对弟子说："我干啥好呢？赶车好呢，还是射箭好呢？我还是赶车好了！"

9.3　子之所从^①

【原文】

子曰："麻冕，礼也；今也纯，俭，吾从众。拜下，礼也；今拜乎上，泰，虽违众，吾从下。"

【注释】

① 子之所从：孔子以仁释礼，并希望以"仁"为"剃刀"，对礼删繁就简。传统要求"麻冕"，但麻织困难，现今人们用丝织的"纯冕"代替，觉得方便，故曰"俭"，孔子觉得多数人方便，就应该被接受。但对跪拜之礼，通常应该拜于堂下，以示谦卑。可现今拜于堂上，这有"泰"，即不恭敬之嫌。所以对于拜，孔子并不迁就多数人的习惯，认为还是应该以恢复"拜下"为宜。

【翻译】

孔子说："麻冕，古礼；今用纯冕，方便，我赞成大家的习惯。拜下，古礼；今习惯拜上，这不恭，虽违众，我仍坚持拜下。"

9.4　子绝四慝

【原文】

子绝四①：毋意，毋必，毋固，毋我。

【注释】

① 子绝四：君子必须杜绝四种毛病：一是"意"，即臆想，以不善之心度人，把人往坏里想；二是"必"，即刚愎，独断行事，听不进建议与劝告，甚至一意孤行；三是"固"，即偏执，执拗地自我坚持，明知错了，为面子也坚持到底；四是"我"，即以自我为中心，不会换位思考，不顾及他人感受，自私自利。

【翻译】

孔子建议君子必杜绝四种毛病：臆想、刚愎、固陋、我执。

9.5　子畏于匡

【原文】

子畏于匡①，曰："文王既没，文不在兹乎？天将丧斯文也，后死者不得与于斯文也。天之未丧斯文也，匡人其如予何？"

【注释】

① 子畏于匡：孔子何畏？朱熹等人作"畏惧"解，荀子、司马迁等人则以"受拘"释，未必妥当。其实孔子所畏者，斯文不传也。他自信地说："文王既没，文不在兹乎？"此"文"就是由周文王开创，并由周公所继承的人文传统，它是华夏民族的精神命脉。孔子认为：当今传承此命脉的使命，已历史地落在了自己身上。这是一种历史担纲的使命感，与自诩无涉。心中敬畏斯文，勠力弘扬斯文，颠沛流离而矢志不渝，岂非圣人境界！

【翻译】

孔子遇困于匡，说："文王不在，文脉岂不在此吗？天如欲断此文脉，我死则斯文不得传。天如不欲断此文脉，匡人其奈我何？"

9.6　何其多能

【原文】

太宰问于子贡曰："夫子圣者与？何其多能①也？"子贡曰："固天纵之将圣，又多能也。"子闻之曰："太宰知我者乎？吾少也贱，故多能鄙事。君子多乎哉？不多也。"

【注释】

① 何其多能：圣者必须从凡人的事情做起，由平凡而伟大，甚至在平凡中见伟大。不屑于平凡而幻想伟大勋业，伟大的幻想，只能胎死腹中。

【翻译】

太宰问于子贡："乃师圣人吗？为何如此多能？"子贡答曰："天本欲使

其为圣，故令其多能而已。"孔子听闻后说："太宰岂知？我少时因贫贱，而多学鄙贱技能。以君子成长论，其实不为多余。"

9.7　子云故艺

【原文】

牢①曰："子云：'吾不试，故艺。'"

【注释】

① 牢：琴牢，字子开，卫国人。琴牢从另一个角度，引证孔子论自己的多能。

【翻译】

琴牢说："孔子说：'我屡屡不能被用，所以成就多能。'"

9.8　叩其两端

【原文】

子曰："吾有知乎哉？无知也。有鄙夫问于我，空空如也，我叩其两端①而竭焉。"

【注释】

① 叩其两端：不同层次人之间的沟通，十分困难。连孔子也感叹：都以为我博学，但我真的有知吗？一次我遇上鄙夫求教，我却发现自己"空空如也"，找不到回答的办法。被迫使用"叩其两端"的办法来逼问，最终让他明白了答案。专家与贫民，往往生活于两个话语世界，让专家来使鄙夫明白道理，极为困难！

【翻译】

孔子说："我有知吗？不知道啊！有鄙夫求问，我不知该如何答他。只好用两端逼问的笨办法，使其明白。"

9.9 吾已矣夫①

【原文】

子曰："凤鸟不至，河不出图，吾已矣夫！"

【注释】

① 吾已矣夫：凤鸟，象征祥瑞；河图，象征太平。孔子为了斯文不坠，奔波了一生，但始终没有实现自己心中的理想。到了晚年，他不得不感叹："我的事业，或已失败！"其哀怨沮丧之情，溢然纸上。

【翻译】

孔子说："凤鸟未至，河图未现，我的事业，完了吧！"

9.10 必作必趋^①

【原文】

子见齐衰者、冕衣裳者与瞽者，见之，虽少，必作；过之，必趋。

【注释】

① 必作必趋：齐衰，即有大丧；冕衣裳，即冠祭，举行成人礼；瞽是盲人。三者虽喜忧不同，却都需要表达致意。孔子与人为善，遇三者都会以起身或快步疾行来表达致意。从此行为细节处，孔子之仁，让人感到温馨。

【翻译】

孔子见有大丧者、冠祭者、盲者，即使年少，也起身致意；若过三者，必以趋致意。

9.11 颜渊喟叹^①

【原文】

颜渊喟然叹曰："仰之弥高，钻之弥坚，瞻之在前，忽焉在后。夫子循循然善诱人，博我以文，约我以礼，欲罢不能。既竭吾才，如有所立卓尔，虽欲从之，未由也已。"

【注释】

① 颜渊喟叹：在《论语》里，记孔子赞美颜回的较多，而记述颜回称赞乃师的则极少，所以此章内容极为珍贵。读此章，可读出孔子在颜回心目中的形象。

【翻译】

颜回由衷地赞叹道："夫子形象，愈仰望就愈高大；夫子学问，愈钻研愈就高深。有时感觉，夫子就在你眼前，又忽然到你身后。夫子循循善诱，以广博丰富着我们，用礼仪规范着我们，让进步激励着我们，使我辈才能得以充分开发，让我们能卓然而立，以至于想继续前进，却不知前路如何。"

9.12　由之行诈①

【原文】

子疾病，子路使门人为臣。病间，曰："久矣哉！由之行诈也。无臣而为有臣，吾谁欺？欺天乎？且予与其死于臣之手也，无宁死于二三子之手乎？且予纵不得大葬，予死于道路乎！"

【注释】

① 由之行诈：孔子是民间教育首创者，操办老师丧事的礼仪，在当时并不存在，孔子与弟子们虽情同父子，但显然不能参照丧父之礼料理，子路擅作主张，若孔子死，弟子们将参照君臣之礼来操办。不是子路成心僭越，而是确实无先例可循，但这却遭致孔子的坚决反对。

【翻译】

孔子大病，子路安排弟子行君臣之礼。病好转清醒，孔子说："太久了！子路欺骗我。我岂能享君臣礼遇，要欺骗谁呢？欺骗天吗？我与其以君丧于群臣身边，倒不如以师丧于弟子身边。若任性而大葬，不如将我扔诸道路边！"

9.13　我待贾者①

【原文】

子贡曰："有美玉于斯，韫椟而藏诸？求善贾而沽诸？"子曰："沽之哉，沽之哉！我待贾者也。"

【注释】

① 我待贾者：此章寓意是：怀才不遇的孔子，一直是人才市场上的待贾者。孔子待价而沽，并不意味着可折节而仕，他希望能有姜太公渭水垂钓之幸运，但从来不打算贱卖自己。孔子的心境，千百年来，不乏共鸣者。

【翻译】

子贡说："有美玉在此，找个木匣藏起呢？还是放于市场卖了它？"孔子说："卖了吧，卖了吧！我正等待识货者呢。"

9.14　何陋之有

【原文】

子欲居九夷。或曰："陋，如之何?"子曰："君子居之，何陋之有①?"

【注释】

① 何陋之有：九夷，乃化外之地。君子只介意事业之有无，而不介意生活是否方便。生活的简陋，不能够成为孔子不居九夷的理由。

【翻译】

孔子欲居九夷，有人问："简陋，如何?"孔子答："君子所居，何来简陋?"

9.15　各得其所

【原文】

子曰："吾自卫反于鲁，然后乐正，《雅》《颂》各得其所①。"

【注释】

① 各得其所："乐正"主要是为《诗》配乐，这之前，《风》类诗，可

能已有配乐，而《雅》与《颂》则未能全配，孔子返鲁后的主要工作，是为《雅》《颂》之诗配曲，最后让《雅》与《颂》都能够"各得其所"。

【翻译】

孔子说："我自卫返鲁，始为《诗》配乐，让《雅》《颂》各得其所。"

9.16 何有于我

【原文】

子曰："出则事公卿，入则事父兄，丧事不敢不勉，不为酒困，何有于我哉？"

【翻译】

孔子说："出外尽心事公卿，回家尽心事父兄，丧事不敢不勤力，不因酗酒耽误事。有何难哉？"

9.17 子在川上①

【原文】

子在川上曰："逝者如斯夫！不舍昼夜。"

【注释】

① 子在川上：本章记孔子"在川上"，产生了时间似流水的美好意象，所反映的是孔子晚年的心态。时光如矢，岁月穿梭。年轻时候的意气风发，还历历在目；中年时的奔波劳顿，依稀记得；但毕竟已是两鬓染霜。现状虽不满意，但回首往昔，也觉得问心无愧。早年之宏愿，虽未能实现。但失之东隅，收之桑榆。不经意间，自己已是桃李满天下。在饱经了挫折与忧患，并取得一定成功后，面对"不舍昼夜"的流水，孔子抚今追昔，感慨良多！毕竟是韶华易逝，往事难追啊！

【翻译】

孔子在川上说："岁月宛如流水！不分昼夜东逝。"

9.18　好德如色①

【原文】

子曰："吾未见好德如好色者也。"

【注释】

① 好德如色：孔子也好色，并承认好色是人的天性。不像某些理学家那样，一动色念便骂自己"禽兽不如"。其实，把异性的美好，当作上天的慷慨赠予，以一种珍惜与欣赏的目光加以"好"，是人类最美好的情感之一。孔子通过对《诗》的肯定与赞美，表达了他对此类美好情感的祝福。

【翻译】

孔子说："我未见有珍惜美德者，像他迷恋美色那样。"

9.19　功亏一篑①

【原文】

子曰："譬如为山，未成一篑，止，吾止也；譬如平地，虽覆一篑，进，吾往也。"

【注释】

① 功亏一篑：本章强调毅力的重要性，孔子举例说：在平地通过挑土来堆山，最能考验毅力了。如果坚持到只差一筐，可坚持不下去了，那便是"功亏一篑"；如果意志坚强，哪怕地面上只倒上第一筐土，坚持干，山就一定能堆成。即所谓"有志者事竟成"。

【翻译】

孔子说："堆土成山，只差一筐，停止，我即失败；从平地始，虽一筐起，不放弃，我将成功。"

9.20　其回也与

【原文】

子曰："语之，而不惰①者，其回也与！"

【注释】

① 不惰：保持注意力集中。

【翻译】

孔子说："讨论问题，能始终保持注意力集中，只有颜回！"

9.21　未见其止

【原文】

子谓颜渊曰："惜乎！吾见其进也，未见其止①也。"

【注释】

① 未见其止：由于颜渊对自己要求太严，孔子责备颜渊不知道张弛有度。在孔子看来，人生境界的提升，须遵循进止相间原则，正如人们行路，也须边走边歇一样。只知进而不知止者，往往会事倍功半。

【翻译】

孔子评价颜渊说："可惜！我只见到他进步，未见他停下来。"

9.22　秀并非实①

【原文】

子曰："苗而不秀者有矣夫，秀而不实者有矣夫！"

【注释】

① 秀并非实：禾由出苗到抽穗，需经历漫长历程，播种就庆祝收获，为时尚早。即使禾抽了穗，也还不敢轻言丰收，因为还可能遭到天灾侵害，旱、涝、风、虫，都可能危及收获。孔子借禾之喻说：人生之德修，须持之以恒，否则就可能成为半成品，正如"苗而不秀"或"秀而不实"一样。

【翻译】

孔子说："出苗而不抽穗的有哇，抽穗而不能长成粮食的也有哇！"

9.23　后生可畏

【原文】

子曰："后生可畏①，焉知来者之不如今也？四十、五十而无闻焉，斯亦不足畏也已。"

【注释】

①后生可畏：从口气上感觉，孔子是在责备四十、五十岁的人们，对年轻"后生"的轻视。这说明"代沟"现象，在孔子时代也同样存在。

【翻译】

孔子说："年轻即可敬畏，焉知将来的他们，不如今天的我们？到四十、五十岁，还鲜有感悟，就不足敬畏了。"

9.24　闻言辄改①

【原文】

子曰："法语之言，能无从乎？改之为贵。巽与之言，能无说乎？绎之为贵。说而不绎，从而不改，吾未如之何也已矣。"

【注释】

①闻言辄改：这里法语之言，指正颜厉色的批评；巽与之言，指婉言的批评。孔子认为：对于婉言的批评，只是心服而不能用心品味的学生，或者对于正颜厉色的批评，虽接受而不能改正的学生，都不是好学生。

【翻译】

孔子说："正颜厉色的批评，能改正吗？改了就好。婉言温色的批评，能虚心接受吗？细心品味为好。婉言而不品味，正言应而不改，我将拿他没办法。"

9.25 忠信为主①

【原文】

子曰："主忠信，毋友不如己者，过则勿惮改。"

【注释】

① 忠信为主：本章局部重复 1.8 章，强调君子做人，让忠信做主。

【翻译】

孔子说："做人忠信立身，莫滥交朋友，有过莫忌惮改正。"

9.26 不可夺志①

【原文】

子曰："三军可夺帅也，匹夫不可夺志也！"

【注释】

① 不可夺志：孔子告诫弟子，当遇上强梁或强权，对于来犯者，必须奋起反抗，以捍卫自己的人格尊严。尊严不存，斯文扫地，遑论君子！

【翻译】

孔子说:"三军之帅可夺,匹夫之志不可夺!"

9.27　何足以臧

【原文】

子曰:"衣弊缊袍,与衣狐貉者立,而不耻者,其由也与!'不忮不求,何用不臧?'"子路终身诵之。子曰:"是道也,何足以臧①?"

【注释】

① 何足以臧:"不忮不求,何用不臧?"引自《诗经·邶风·雄雉》。孔子难得表扬子路,一次表扬让他念念不忘,但这又落得孔子责备。孔子与子路的关系,实令人玩味。

【翻译】

孔子说:"能着旧絮袍,与着貂狐大裳之人并立,而不觉有耻者,不唯有子路吗!子路'不嫉不贪,何不表扬?'"对于此次表扬,子路终身念叨。孔子责备道:"仅做到不妒不贪,合于道而已,何足总挂嘴边。"

9.28　岁寒知松①

【原文】

子曰："岁寒，然后知松柏之后凋也。"

【注释】

① 岁寒知松：岁寒时节，大地苍莽，万卉凋谢，唯苍松翠柏，独葱茏于凋卉之间。其寓意：君子唯历经千难万险，才凸显百折不挠精神之可贵；或唯当政治环境恶劣，常人不得不折节自保，才凸显君子守节笃志品格之高洁；或喻唯当大厦将倾，方展现君子挽狂澜于既倒的英雄本色。当然也还可以联想：以崇尚君子人格为核心内容的中华人文传统，在历尽欧风美雨的摧残与洗礼之后，才更显此斯文之优雅而卓绝！

【翻译】

孔子说："唯岁寒，方可知松柏之独秀。"

9.29　君子三德①

【原文】

子曰："知者不惑，仁者不忧，勇者不惧。"

【注释】

① 君子三德：智者通达，明幽微而知去来，晓事理而通变化，故不惑；仁者敦厚，有容乃大，良善度人，温良恭敬，故无忧；勇者胆壮，泰山崩于前而面色不改，故无惧。

【翻译】

孔子说："智者不疑惑，仁者不忧虑，勇者不恐惧。"

9.30　学者四境①

【原文】

子曰："可与共学，未可与适道；可与适道，未可与立；可与立，未可与权。"

【注释】

① 学者四境：读书人，首先要"可与共学"，即加入学术圈；其次"可与适道"，与主流学术有共同语言；再次"可与立"，即与学术主流有共同的信仰与价值；最后"可与权"，即在主流学术圈中游刃有余。

【翻译】

孔子说："初入学术，未必可晓其语言；知其语言，未必能确立信仰；确立信仰，未必能游刃有余。"

9.31　未之思也

【原文】

"唐棣之华，偏其反而。岂不尔思，室是远而。"子曰："未之思也①。夫何远之有？"

【注释】

① 未之思也：本章先引逸诗，用"唐棣之华，偏其反而"来起兴，意为：蔷薇花啊，摆啊摇。接下来引出："岂不尔思，室是远而。"所表达的是宦游学子的思妻之情，他对妻子说：不是我不思念你，而是我离家太远。孔子质疑道："没真思念吧，还说什么离家太远。"可能喻：弟子未必真想成为君子，只借口做君子太难。

【翻译】

"棠棣之花，婆娑摇之。岂不思念你，奈何家太远。"孔子说："不是真思念吧？说什么太远！"

第十篇 乡 党

【题解】

"乡党"篇主题是什么？前3章记述生活中的孔子，有弟子们想象之嫌。首章依据中庸，给我们塑造了一种既不骄狂，也不自卑；既谨慎有礼，又健谈豁达的孔子形象；第2章根据"事君尽礼"，塑造了一个兢兢业业、一丝不苟的敬业形象的孔子；第3章则讲述了孔子复位过程中的君臣互动，让我们领略了孔子如何对待不公平。总体感觉略显拘谨，反映了记述者本人性格中的拘谨因素，但形象真切感人，栩栩生动。

4—14章，主要记述君子礼仪，没有明言与孔子的关系，估计只是当时流行的礼仪。孔门弟子记之，并收于《论语》之中，说明孔子对这些礼仪基本上持认同的态度，但这也未必说明，孔子要严格按照这些礼仪，来规范自己的日常生活。从这些规定得事无巨细的仪则中，我们大致可以窥探出那个时代人们的基本生活方式。无规矩无以为文明，但规矩也往往会因为人们的不断添加，而让人们觉得繁复与厌烦。

后8章主题不太集中，大致与孔子的君子人格相关。但除"厩焚问人"章较为出名外，末章"雉梁之时"比较有趣，它不仅展现了孔子超于常人的识美能力，而且提出了著名的"时"的观念，此"时"有因缘际会之意蕴，这为人们观察和理解事物，提供了一个极为重要的视角，即"时"的哲学观念。

综观全篇，"履文"作主题颇为合适。因为斯文需具体化为人的思维方式、言说方式、行为方式，乃至基本生活方式，文的光彩才会绚烂，才会成就文明。

10.1 夫子如也^①

【原文】

孔子于乡党，恂恂如也，似不能言者。其在宗庙朝廷，便便言，唯谨尔。朝，与下大夫言，侃侃如也；与上大夫言，訚訚如也。君在，踧踖如也，与与如也。

【注释】

① 夫子如也：这里恂恂为信实貌；訚訚为谈吐得体状；踧踖为拘谨貌。人的全部修养，都可从其言谈举止中读出。孔子做事中庸，在不同人面前，言谈举止十分注意把握分寸。在乡党里，面对民众，不必太健谈，否则有炫耀之嫌。庙堂之上，场合庄重，言须谨而有度；朝堂间，与士大夫闲聊，也必须看对象：与上大夫聊，得体为好，不卑不亢；而与下大夫，侃侃而谈，尽显才华。如君在，尤须表示敬畏，拘谨为宜。

【翻译】

孔子于乡党间，言语诚恳，似不流利；在宗庙朝廷，言谈既雄辩，又谨慎；朝间，与下大夫闲聊，则侃侃而谈；而与上大夫聊，也谈吐得体，不卑不亢；但如君在，则微显拘谨，有点不安。

10.2　君召使摈[①]

【原文】

君召使摈，色勃如也，足躩如也。揖所与立，左右手。衣前后，襜如也。趋进，翼如也。宾退，必复命曰："宾不顾矣。"

【注释】

① 君召使摈：孔子是如何执行公务的？本章记孔子接待外宾。从接到任务就开始脸色庄重，足躩说其快步进入角色。"依礼"是本章记述的重点。其道理是：守规矩乃为人做事的本分，无规矩不成方圆，对待规矩，需要一种诚恳的态度，这十分有意义。今天我们不是要恢复孔子时代的礼仪，而应该学习孔子对待规矩的态度。

【翻译】

君召孔子接待外宾。其面色即刻庄重，疾步执行使命。先对陪同作揖致意，左一下，右一下。再对宾客鞠躬行礼，使衣襜摆动。礼毕趋步进殿，使衣飘动如翼。宾客走，则须复命于君说："宾客送走了。"

10.3　君召复位①

【原文】

入公门，鞠躬如也，如不容。立不中门，行不履阈。过位，色勃如也，足躩如也，其言似不足者。摄齐②升堂，鞠躬如也，屏气似不息者。出，降一等，逞颜色，怡怡如也。没阶，趋进，翼如也。复其位，踧踖如也。执圭，鞠躬如也，如不胜。上如揖，下如授。勃如战色，足蹜蹜③如有循。享礼，有容色。私觌，愉愉如也。

【注释】

① 君召复位：此章所记，乃是孔子接受君王召见，并复位的过程。估计这之前，孔子可能因为某种原因被君王停职，君王的这次召见，关系到他的政治命运，虽被停职可能有委屈，但孔子没有表现出丝毫的不服气。首先"入公门"，孔子"鞠躬如也"。即对君王之门鞠躬，表达了一种"如不容"的虔敬。进入时，孔子"立不中门，行不履阈"。即不在门的中间停下来，跨越门槛时，也不踩到上面。谨慎之情，跃然纸上。如何对待委屈与不公，孔子为后人树立了榜样。

② 摄齐：曳襟。

③ 蹜蹜：小步走。

【翻译】

孔子入宫门，先鞠躬，唯恐不容。立与行皆不及中门，不踩踏门槛。入宫门，脸色即刻庄重，碎步疾行，见君忽不知该说什么。礼起，君曳襟升堂，孔子鞠躬行礼，屏住呼吸。礼毕降阶，脸色和悦，相谈甚欢。出礼庭，快步疾走，衣飞如翼。复位再礼，拘谨如前。君执圭，孔子鞠躬，色如不胜。对君作揖，向同侪致意。战战兢兢，步履细碎，前后套叠。君设宴，气氛轻松。宴毕私会同侪，心情兴奋。

10.4　着装之忌

【原文】

君子不以绀緅饰①，红紫不以为亵服。当暑，袗绤绤②，必表而出之。缁衣，羔裘；素衣，麑裘；黄衣，狐裘。亵裘长，短右袂。必有寝衣，长一身有半。狐貉之厚以居。去丧，无所不佩。非帷裳③，必杀之。羔裘玄冠不以吊。吉月，必朝服而朝。

【注释】

① 绀緅饰：用天青或铁灰色镶衣边。

② 袗绤绤：粗布透气之单衣。

③ 帷裳：上朝与祭祀穿的礼服。

【翻译】

君子不以天青、铁灰色镶衣边，不以红、紫色为亵服。夏天，袗绤粗布为单衣，出门需着罩。冬天，黑衣，配羔裘；白衣，配麑裘；黄衣，配狐裘。亵裘，不用罩，右袖略短。必有寝衣，比常衣长身半。狐貉皮加厚以坐。非有丧，无所不佩。非帷裳，减尺寸。羔裘玄冠不吊丧。月首日，朝服而上朝。

10.5　君子斋戒^①

【原文】

齐，必有明衣，布。齐必变食，居必迁坐。

【注释】

① 君子斋戒：斋戒展现虔敬，必以洗浴净身，身净喻心净，必有"明衣"，即粗布浴衣。斋戒应"变食"，比平时简、素；"居必迁坐"则是说，斋戒时应坐在硬板、平地之类的硬物之上，以显示诚意。

【翻译】

斋戒，必有粗布浴衣，必变食，必迁坐。

10.6　食不厌精^①

【原文】

食不厌精，脍不厌细。

【注释】

① 食不厌精："食不厌精，脍不厌细"反映的是儒家的生活态度。君子

可以忍受生活中的贫俭，也倡导享受生活的情致。再简单的生活资料，都可以通过全情投入地深度烹饪，而加工出美味来。甚至烹饪美食的过程，就是生活享受的组成部分，与自己的亲人、家人或心爱的人，一起共同动手，甚至展示厨艺，乃是人生的一种享受。故真君子应当既上得厅堂，又下得厨房。鄙视烹饪技术，或只懂品尝而不懂厨艺的人，未必真懂得生活享受，也未必真有生活情调。

【翻译】

食物不厌精致，烹饪不厌精心。

10.7　君子不食

【原文】

食饐而餲①，鱼馁而肉败，不食。色恶，不食。臭恶，不食。失饪，不食。不时，不食。割不正，不食。不得其酱，不食。肉虽多，不使胜食气。唯酒无量，不及乱。沽酒市脯不食②。不撤姜食，不多食。

【注释】

① 食饐而餲：饭剩而馊。本章所记的饮食禁忌，大都从健康角度可接受，但也有些不尽合理。

② 沽酒市脯不食：大家族通常自酿、自宰，市场买来的酒与肉，不敢食。

【翻译】

饭剩而馊，不食；鱼腐肉败，不食；色失正，不食；味失正，不食；失火候，不食；不新鲜，不食；割不正，不食；无合适酱配，不食。肉虽多，食肉不多于饭。酒不限量，但不及醉。市上买的酒与肉不食，食不可无姜，姜不多食。

10.8　祭肉之食

【原文】

祭于公，不宿肉。祭肉不出三日，出三日，不食之矣。

【翻译】

公祭之肉，食不过宿。家祭之肉，食不出三日，否则不食。

10.9　食寝不言

【原文】

食不语，寝不言。

【翻译】

用餐不语，就寝莫言。

10.10　穷祭必斋

【原文】

虽疏食、菜羹、瓜，祭，必齐如也。

【翻译】

虽用疏食、菜羹、瓜祭之，斋戒不能免。

10.11　席正乃坐

【原文】

席不正，不坐。

【翻译】

席之座次失序，不入席。

10.12　乡人饮酒

【原文】

乡人饮酒，杖者出，斯出矣。

【翻译】

乡人饮酒，执杖者为尊，杖者出，则礼毕。

10.13　乡人之傩^①

【原文】

乡人傩，朝服而立于阼阶。

【注释】

① 乡人之傩："傩"为乡人驱鬼镇魔的仪式，阼为东阶，尊者居之。傩礼之上，君子须着朝服，恭立于东阶之上。

【翻译】

乡人傩，君子须着朝服，立于东阶之上。

10.14　他邦之问

【原文】

问人于他邦，再拜而送之。

【翻译】

异乡求问于人，须一拜再拜而目送之。

10.15　康子馈药①

【原文】

康子馈药，拜而受之。曰："丘未达，不敢尝。"

【注释】

① 康子馈药：季康子馈孔子药，以示关心。孔子先拜而接受，又婉言地说："我不懂药性，不敢贸然食用。"事实上，还是拒绝了。

【翻译】

季康子赠药，孔子先拜而受之，然后说："我不懂药性，不敢尝。"

10.16　厩焚问人^①

【原文】

厩焚，子退朝，曰："伤人乎？"不问马。

【注释】

① 厩焚问人：马虽私产，但人的安危在夫子心中总是高于财产，这便是仁人精神。

【翻译】

马厩着火，孔子退朝问："伤人了吗？"没有问马。

10.17　君臣仪则^①

【原文】

君赐食，必正席先尝之。君赐腥，必熟而荐之。君赐生，必畜之。侍食于君，君祭，先饭。疾，君视之，东首，加朝服，拖绅。君命召，不俟驾行矣。

【注释】

① 君臣仪则：本章所记君臣相处的规矩，丝毫体现不出仁爱。当与孔子不相关。

【翻译】

君赐食，臣必正席而先尝。君赐生腥，臣须先熟而荐于祖。君赐活物，臣必畜养之。伴食于君，君祭时，臣尝饭。臣生病，君探视，东首迎，加朝服，曳绅带。君命召，不待驾备好即行。

10.18　太庙之惑^①

【原文】

入太庙，每事问。

【注释】

① 太庙之惑：3.15 章记，年轻时的孔子，因好学的缘故，"入太庙，每事问"，并招致"知礼乎?"的质疑。显然人们普遍不认同"入太庙，每事问"的行为是知礼的。虽然孔子辩称"是礼也"。但这不意味孔子一生都"入太庙，每事问"。所以将此章理解为记述孔子行为，似乎并不合适。中老年时的孔子，不应该对太庙继续如此好奇。而理解此章为记一般的君子行为规则，就似乎更不可理解。问题出在"乡党"篇的记述者对材料的选取与把握欠妥帖。

【翻译】

进入太庙，诸事好奇。

10.19　朋友之交

【原文】

朋友死，无所归，曰："于我殡。"朋友之馈，虽车马，非祭肉，不拜。

【翻译】

朋友殇，无归葬，必说："由我负责！"朋友赠予，虽车马，非祭肉，不敢拜。

10.20　君子坐卧^①

【原文】

寝不尸，居不客。

【注释】

① 君子坐卧：君子之卧，不宜仰面朝天，像挺尸，不吉利。不接待客人，在家就不需要正襟危坐，太严肃。

【翻译】

寝不仰卧，居不正襟。

10.21　君子脸色^①

【原文】

见齐衰者，虽狎，必变；见冕者与瞽者，虽亵，必以貌。凶服者式之。式负版者。有盛馔，必变色而作。迅雷风烈必变。

【注释】

① 君子脸色：君子为表达对他人的理解与同情，对于各种情景的当事人，当以分享的方式，与他人或共品苦难，或共享快乐。所以君子的脸色，必随情景而阴晴。尤其对负版（邦国图籍）者，也需要表达必要的敬意。

【翻译】

见大丧者，虽亲近，必变色致意；见冠礼者与盲者，虽熟识，必客气招呼。凡遇着凶服者，必致意。也须对背负邦国图籍者，表达致意。遇宴饮，当与之分享快乐。对遭遇迅雷、飓风袭击的不幸者，也须变色表示同情。

10.22　君子乘车

【原文】

升车，必正立，执绥^①。车中，不内顾，不疾言，不亲指。

【注释】

① 绥：登车时手挽的索。

【翻译】

登车，必站直，抓住绥。车行中，不左顾右盼，不大惊小怪，不指点车夫。

10.23 雉梁之时①

【原文】

色斯举矣，翔而后集。曰："山梁雌雉，时哉，时哉！"子路共之，三嗅而作。

【注释】

① 雉梁之时：本章有趣，此处的山梁指山涧上的小木桥；雌雉，指母山鸡。这里主要记孔子与子路山间行走，雨过天晴，阳光乍露，雉飞翔集，忽落于山涧的小木桥上。孔子赞叹："时哉！时哉！"孔子所赞叹之时，恰好就是阳光、山色、雌雉、山梁在此时所组成的那幅美丽图景。因为大自然从不缺乏美，所缺的是人们欣赏美的眼光。

【翻译】

阳光乍露，雉翔而集。孔子赞叹："山梁野鸡，多适时，多适时！"子路哄之，雉三嗅而飞。

第十一篇　先　进

【题解】

"先进"篇主题，朱熹说："多评弟子贤否"，似乎与"公冶长"篇接近。但仔细研究，又觉得不尽然。本篇更多记孔子与弟子们的互动，而记孔子对弟子的评价与点拨相对较少。或许"师得"作为主题，更适合本篇内容，主要记孔子作为人师所取得的成就。孔子作为文化史上最杰出的教师，弟子三千，贤者七十有二，杰出者有"十哲"，能不盘点总结吗？

本篇共25章，其中前两章——吾从先进、孔门十哲——属于对孔子教学成就的全面盘点；其余23章中，仅"论笃是与"章不涉及孔子与弟子们的互动。而涉及孔子与颜回互动的就有7章，其中围绕着"颜回之死"主题的，则有5章。涉及孔子与子路对话与互动的也有6章之多，其余则记孔子对闵子骞、子贡、冉有、子张等的教诲与评价。

本篇的末章"吾与点也"，值得特别关注。因为它是《论语》文本里首次出现的具有记事风格的长篇，其所记之思想，同时也令人耳目一新。此章记子路、曾点、冉求、公西华四人侍坐，孔子建议大家各谈其人生志向，子路、冉求、公西华所谈志向局限于建功立业的老生常谈，唯曾点表现出一种超越尘俗的洒脱，并受到孔子的肯定与赞赏。

其实，"曾点之志"就是建议人们：在关注改造社会，让生活变得更美好的同时，也应该把身心投入对自然的关注，进而追求一种把生命融于天地自然的人生逍遥之境界。因为在儒家的视域内，天地自然乃一有情之生命体。人既然能够与他者实现生命契合，也同样能够与天地自然实现生命契合，当某人的个体生命与天地自然之生命相遇，并能够相互激荡、相融相契的时候，他就实现了与天地自然的"合一"，这便是儒家所追求的"天人合一"之境界。

儒家追求天人合一，与追求建功立业，其实并不矛盾。追求青史留名的生命不朽，与追求与天地自然融于一体的天人合一，都是人生命追求的至高境界，二者既相互补充，又并行不悖。后来中国的文人士大夫，基本上是按照既身居庙堂之高，又不忘纵情山水的模式，来塑造自己的君子人格。

11.1 吾从先进^①

【原文】

子曰："先进于礼乐，野人也；后进于礼乐，君子也。如用之，则吾从先进。"

【注释】

① 吾从先进：理解本章的关键是如何解读"礼乐"。把"礼乐"当官场理解，"进"则当理解为进仕。本章的对话语境则设想为：孔子在为推销其弟子入仕而做介绍。"野人"指出身贫寒，而"君子"指出身官宦。出身贫寒者，之所以较早被推荐出仕，首先是他们学习勤奋，再加上有养家的需要。而出身官宦的弟子，没有养家之忧，习惯的养成所需要的时间也较长，所以不急于进仕。

【翻译】

孔子说："先出去入仕者，大都出身贫寒；后来再入仕者，大都出身官宦。若论使用，我倒更喜欢先入仕的那些人。"

11.2　孔门十哲^①

【原文】

子曰："从我于陈、蔡者，皆不及门也。""德行，颜渊、闵子骞、冉伯牛、仲弓；言语，宰我、子贡；政事，冉有、季路；文学，子游、子夏。"

【注释】

① 孔门十哲：对话发生的时间，肯定是在孔子晚年，其谈话的对象，也未必是自己的学生，很可能是孔子政界里的某个朋友。孔子说：当年跟随我在陈、蔡受困的弟子们，现都已不在身边。总结自己一生之所教，可以从德行、言语、政事、文学等四个方面，来评价其贤与能。

【翻译】

孔子说："当年追随我陈、蔡受困的，现都已离开了师门。""综合评价：德行，颜渊、闵子骞、冉伯牛、仲弓；言语，宰我、子贡；政事，冉有、季路；文学，子游、子夏。"

11.3　无所不说

【原文】

子曰："回也，非助我者也，于吾言无所不说。"

【翻译】

孔子说："颜回，并非上天派来助我者，而是能与我对谈，且谈而舒心者。"

11.4　孝哉闵子

【原文】

子曰："孝哉闵子骞！人不间于其父母昆弟之言。"

【翻译】

孔子说："孝子哉闵子骞！人们的印象与父母兄弟的夸赞没有出入。"

11.5　三复白圭

【原文】

南容三复白圭①，孔子以其兄之子妻之。

【注释】

①白圭："白圭"者，《诗·大雅·抑》有诗句："白圭之玷，尚可磨也。斯言之玷，不可为也。"意思是：白玉上的污点，可通过打磨消除掉。而人德行上的污点，就无法消除。南宫容，每天诵读"白圭"之诗三遍，奉其为人生座右铭，孔子将侄女嫁给他。

【翻译】

南宫括日诵"白圭"三遍，孔子将侄女嫁给他。

11.6　孰为好学

【原文】

季康子问："弟子孰为好学?"孔子对曰："有颜回者好学，不幸短命死矣，今也则亡。"

【翻译】

季康子问："弟子们谁最好学？"孔子答："要数颜回，不幸短命而殇，如今再难见到他那样的好学之人。"

11.7 不可徒行①

【原文】

颜渊死，颜路请子之车为之椁。子曰："才不才，亦各言其子也。鲤也死，有棺而无椁。吾不徒行以为之椁。以吾从大夫之后，不可徒行也！"

【注释】

① 不可徒行：颜路字无繇，颜回之父，小孔子两岁，据考也为孔子弟子。颜回死，颜路与孔子两个悲痛欲绝老人的对话，读之令人心酸。老年丧子，人生的最大灾难。孔子不仅丧其子孔鲤，而且又丧了自己最心爱、情同父子的弟子颜回。颜路请求孔子卖车，估计应有孔子的暗示，否则不近情理。是孔子先动了卖车的念头，颜路顺应夫子心愿。但孔子又考虑到违背礼制，于是又犹豫了。所以"不可徒行也"，当是孔子犹豫中的话，不意味着对请求的拒绝。

【翻译】

颜渊死，颜路请求孔子卖车为颜渊买椁。孔子说："人才不人才，他是你儿而非我儿。我鲤儿死，也是有棺无椁。让我徒步而为回买椁，以我从大夫身份，不可徒步啊！"

11.8　回死子号①

【原文】

颜渊死，子曰："噫！天丧予？天丧予！"

【注释】

① 回死子号：颜回之死对孔子的打击有多大？从此章所记孔子撕心裂肺的哭号中可以感受得到。已届古稀之年，孔子又一直认为，颜回是他事业最理想的继承人。颜回之死，让他感觉到自己的事业后继无人，岂能不痛心疾首？动卖车为颜回买椁的念头，也只是在此种心境下，方可能被人理解。

【翻译】

颜渊死，孔子哭号："哎呀！天在毁我吗？天要毁我呢！"

11.9　子哭之恸

【原文】

颜渊死，子哭之恸①。从者曰："子恸矣。"子曰："有恸乎？非夫人之为恸而谁为?!"

【注释】

① 子哭之恸：恸，极度哀伤而大哭。对于孔子这样做事极有节制的人，哀伤至于恸，令弟子们十分诧异。然不极度伤心，岂能恸之乎？

【翻译】

颜渊死，孔子大哭，弟子说："夫子大哭了。"孔子说："大哭了吗？不为此人大哭，还为谁哭?!"

11.10　厚葬颜渊

【原文】

颜渊死，门人欲厚葬之①。子曰："不可。"门人厚葬之。子曰："回也，视予犹如父也，予不得视犹子也。非我也，夫二三子也。"

【注释】

① 欲厚葬之：此章与第7章结合起来读，颇有趣。前面说孔子动了卖车的念头，虽自觉不妥。但这里记"门人欲厚葬之"，是否弟子们在遂夫子心愿？孔子虽说"不可"，但弟子还是"违背"了夫子意志，对颜回厚葬了。至于钱从何而来？是否把孔子的车给卖了？不得而知。

【翻译】

颜渊死，弟子欲厚葬，孔子说："不可。"门人厚葬颜回。孔子说："颜回，视我如父，我却不能像对儿子那样待他。厚葬不是我的主意，弟子们做了主。"

11.11　焉能事鬼①

【原文】

季路问事鬼神，子曰："未能事人，焉能事鬼？"曰："敢问死？"曰："未知生，焉知死？"

【注释】

① 焉能事鬼：鬼神之事，阴阳不测，不可妄知。人的认知能力十分有限，未知领域，古人皆交于鬼神。不可测之域，人的最佳处置方式，是保持沉默。同样，人们没有死的经验，更无法断想人死之后。孔子对待鬼神与死的态度，极为清醒理智。

【翻译】

子路问事鬼神，孔子说："事人未成，谈何事鬼？"问："死何如？"答："生尚未知，焉须探讨死？"

11.12　四子如也

【原文】

闵子侍侧，訚訚如也。子路，行行如也。冉有、子贡，侃侃如也。子乐。"若由也，不得其死然。"

【翻译】

四子侍孔子侧，闵子骞举止得体；子路寓强于刚；冉有、子贡侃侃而谈。孔子见子路逗，说："像由这样，将死于刚烈。"

11.13　闵子骞谏^①

【原文】

鲁人为长府。闵子骞曰："仍旧贯，如之何？何必改作？"子曰："夫人不言，言必有中。"

【注释】

① 闵子骞谏：古时称储粮之所为仓，储放武备之所为库，藏财货之所为府。"鲁人为长府"，即翻修藏财货的地方。闵子骞不悦而谏，令孔子由衷地赞许。

【翻译】

鲁人翻修长府，闵子骞说："老样子，有何不好？何必翻修？"孔子赞："此人要么不说，说就击中要害。"

11.14   登堂入室

【原文】

子曰："由之瑟，奚为于丘之门！"门人不敬子路。子曰："由也升堂矣，未入于室也。"

【翻译】

孔子说："你子路把瑟弹成这个样子，还敢称出自孔氏之门？"门人轻视子路。孔子说："子路已登堂，但尚未入室罢了。"

11.15   过犹不及

【原文】

子贡问："师与商也孰贤？"子曰："师也过，商也不及。"曰："然则师愈与？"子曰："过犹不及。"

【翻译】

子贡问孔子："子张与子夏谁更优秀？"孔子说："子张有点过，子夏却总不到位。"又问："子张更优秀？"答："过与不及，不分彼此。"

11.16　鸣鼓攻之^①

【原文】

季氏富于周公，而求也为之聚敛而附益之。子曰："非吾徒也，小子鸣鼓而攻之可也。"

【注释】

① 鸣鼓而攻之：这里的"周公"，不是历史上辅弼成王的那个周公，而是辅弼当时周天子的周公。其位阶应高于一般诸侯，而季氏仅鲁国大夫。季氏之富，已经达到僭越的程度。冉求为季氏宰，进一步为之敛财。这与前面孔子表扬的闵子骞敢于犯颜直谏相比，冉求不但不劝谏，甚至助纣为虐。这令孔子震怒，命令门人敲锣打鼓地把冉求给轰出去。从孔子的震怒中，可读出孔子对社会公平正义的高度期许。同时孔子认为：君子们应该致力于使社会变得更好，而不是更坏。

【翻译】

季氏已富过周公，冉求仍为他敛财增收，孔子说："冉求已非为我徒，大家可鸣鼓而轰之。"

11.17　四子印象

【原文】

柴也愚，参也鲁，师也辟，由也喭。

【翻译】

高柴愚笨，曾参迟钝，子张偏激，子路鲁莽。

11.18　回赐之命[①]

【原文】

子曰："回也其庶乎，屡空。赐不受命，而货殖焉，亿则屡中。"

【注释】

① 回赐之命：颜回天资过人，却安然顺命，所以生活清贫；而子贡却不甘心受命运的摆布，经营货殖，并屡有收获。孔子通过二人的命运比较，既赞赏颜回，又感叹命运。

【翻译】

孔子说："颜回品德，几近完美，但生活清贫。子贡不甘清贫，经营货殖，却屡屡猜中。"

11.19　善人之道①

【原文】

子张问善人之道。子曰："不践迹，亦不入于室。"

【注释】

① 善人之道："善人"即善政，"善人之道"，就是治国理政的好办法。而所谓践迹，即法先王。孔子看来：效法先王，是进入治国理政最高境界的必由途径。

【翻译】

子张问治国之道，孔子答："不法先王，就不能达到治国的最高境界。"

11.20　论笃是与

【原文】

子曰："论笃是与①，君子者乎？色庄者乎？"

【注释】

① 论笃是与：大家都说老实。对于貌似老实的人，孔子建议要考察一番，当心为"实"所欺。

【翻译】

孔子说："人皆谓老实，是真君子呢？还是装样子呢？"

11.21　闻斯行诸①

【原文】

子路问："闻斯行诸？"子曰："有父兄在，如之何其闻斯行之？"冉有问："闻斯行诸？"子曰："闻斯行之。"公西华曰："由也问闻斯行诸，子曰'有父兄在'；求也问闻斯行诸，子曰'闻斯行之'。赤也惑，敢问。"子曰："求也退，故进之；由也兼人，故退之。"

【注释】

① 闻斯行诸：此章记孔子的因材施教，子路是个急性子，做事风风火火；冉求则是慢性子，做事需要鞭策。于是子路与冉求问孔子"闻斯行诸？"的同一个问题，孔子的回答却完全相反，理由是子路需要抑制，而冉求则需要鞭策。孔子之育人，重点在于点拨，而不在于知识传授。

【翻译】

子路问："听了就即刻行动？"孔子答："父兄还在，岂能立刻行动？"冉求问："听了就即刻行动？"孔子答："即刻行动。"公西华不解，问："同样的问题，您答由'父兄在'，答求则'闻则行'。究竟为何？"孔子回答说：

"子路风风火火，须抑制；冉求的性子慢，则须鞭策。"

11.22　回何敢死①

【原文】

子畏于匡，颜渊后。子曰："吾以女为死矣。"曰："子在，回何敢死？"

【注释】

① 回何敢死：言语是心灵的镜子，人的忠奸善恶，皆可从言语中透射出来。本章语境：孔子在匡遭拘，颜渊掉队，追上之后与孔子的对话。虽然只是一句戏言，但颜渊对孔子的真情与忠心，仍可从中读出。

【翻译】

孔子困于匡，颜渊掉队。孔子说："我误以为你遇难了。"答："您在，回岂敢死？"

11.23　以道事君①

【原文】

季子然问："仲由、冉求可谓大臣与？"子曰："吾以子为异之问，曾由与求之问。所谓大臣者，以道事君，不可则止。今由与求也，可谓具臣矣。"

曰："然则从之者与？"子曰："弑父与君，亦不从也。"

【注释】

① 以道事君："季子然"估计应为季氏的某位专权者，对话时间也该在冉求为季氏宰前。季子然问孔子："子路与冉求算大臣吗？"这里所谓"大臣"之"大"，绝不指官阶地位，而指高水平境界。孔子略带调侃地以"以道事君"作答。估计此时季氏与鲁君正处激烈冲突之中，孔子告诉季氏：让子路与冉求去干针对鲁君的事，他们肯定会拒绝。

【翻译】

季子然问："仲由、冉求可称作大臣吗？"孔子说："原以为你问何怪异问题，是问子路与冉求的水平。所谓大臣，能以道事君，君王若拒绝，那就算了。今子路与冉求，已具备成为大臣的条件。"又问："他们能否听从季氏支配？"答："让其弑父与君，肯定不会服从。"

11.24　恶夫佞者

【原文】

子路使子羔为费宰。子曰："贼夫人之子。"子路曰："有民人焉，有社稷焉，何必读书，然后为学？"子曰："是故恶夫佞者。"

【翻译】

子路荐子羔任费宰，孔子说："岂不害人家孩子？"子路反讥道："有民可供其使，有疆域可供治理，何必要拘泥读书？不是可在干中学吗？"孔子说："讨厌你的能言善辩。"

11.25　吾与点也

【原文】

子路、曾晳①、冉有、公西华侍坐。子曰："以吾一日长乎尔，毋吾以也。居则曰：'不吾知也！'如或知尔，则何以哉？"子路率尔而对曰："千乘之国，摄乎大国之间，加之以师旅，因之以饥馑，由也为之，比及三年，可使有勇，且知方也。"夫子哂之。"求，尔何如？"对曰："方六七十，如五六十，求也为之，比及三年，可使足民。如其礼乐，以俟君子。""赤，尔何如？"对曰："非曰能之，愿学焉。宗庙之事，如会同，端章甫②，愿为小相焉。""点，尔何如？"鼓瑟希，铿尔，舍瑟而作，对曰："异乎三子者之撰。"子曰："何伤乎！亦各言其志也。"曰："暮春者，春服既成，冠者五六人，童子六七人，浴乎沂，风乎舞雩③，咏而归。"夫子喟然叹曰："吾与点也！"三子者出，曾晳后。曾晳曰："夫三子者之言何如？"子曰："亦各言其志也已矣。"曰："夫子何哂由也？"子曰："为国以礼，其言不让，是故哂之。""唯求则非邦也与？""安见方六七十如五六十而非邦也者？""唯赤则非邦也与？""宗庙会同，非诸侯而何？赤也为之小，孰能为之大？"

【注释】

① 曾晳：曾参之父，名为点，字为晳。

② 端章甫：瑞服礼冕。

③ 雩：即曲阜鲁故城外的舞雩台，为祈雨祭天之场所。祈雨之祭谓雩，常伴之以舞。

【翻译】

子路、曾点、冉求、公西华四人侍坐，孔子道："我年长你们几岁，今勿以我为师。平日总怨'不知你们'，我今天或许想有所了解，各自讲人生志向可否？"子路抢先说："千乘之国，居大国之间，外有军事威胁，内有天灾饥馑。用我子路，三年时间，可使国不再羸弱，有勇气抵御外寇，且使民懂得做人。"孔子微嘲，后问："冉求，你如何？"答："国方六七十，或五六十，用我冉求，三年之间，可使民富足。如礼乐教化，尚待君子。"孔子问："公西华，你如何？"答："不敢说能，只愿说：想学宗庙祭祀，如遇诸侯会盟，愿能端服章甫，为主事当好助手。"问："曾点，你如何？"曾晳先放缓节奏，后铿锵止瑟，再舍瑟而答："异于三人刚才所讲。"孔子说："何妨！各言志向而已。"曾晳说："暮春时节，舍冬装而轻行，邀成年五六人，带童子六七人。先泳乎沂水，后沐浴春风，起舞于雩台，踏歌而咏归。"孔子由衷感叹："我愿与点同行。"三子先行，曾晳拖后。问："三子之言何如？"孔子说："不过各谈其志向而已。""何以微嘲报子路？""治国须依礼，子路语间无让，故报之以微嘲。"又问："冉求所说也非治国之道？"孔子曰："岂有方六七十，或五六十，非以礼乐治之？""公西华也非治理之道？"孔子曰："会盟礼仪，非诸侯相何以可能？公西华格局偏小，何以能成诸侯相？"

第十二篇　颜　渊

【题解】

"颜渊"篇主题为何？全篇24章，"克己复礼"始，"以友辅仁"终。其间论仁与论政交替，主题与"为政"篇相近，但也有区别。"为政"篇强调"道之以德"，重视治国理政的实际操作；而本篇强调"天下归仁"，重视理想图景。本篇试图为政治文明确立一套评价标准，正如柏拉图《理想国》所做的那样。本篇定题为"归仁"较合适。本篇与下一篇，可看作是"姊妹篇"。

首章孔子答颜渊问仁，与次章孔子答仲弓问仁两章，为本篇的核心篇章。

首章孔子以"克己复礼"释仁，在学术意义上，孔子将人的自我分为良知自我与欲望自我。欲望自我在人的本能中，是具有破坏和侵犯的力量；而良知自我，则是本能中具有抑制作用的力量。所谓"克己"，就是良知自我克制欲望自我。只有良知自我足够强大，才能够克制住欲望自我，这样才可能做到"复礼"，即按照礼的规范行事，依礼同他人相处。人与人之间只有依礼相处，才可能和睦相伴，仁的关爱与容人之精神，才会在人们身上展现出来。

孔子认为：如果人人能"克己复礼"，人与人就能够相互理解、相互关心、相互包容、相互友爱、相互扶助。在这样的社会里，到处洋溢着亲情、友情和爱情，仁爱的温馨到处四溢着芬芳，每个人都能过上理想的、"合于美德生活"的生活，这就是孔子为我们描绘的"天下归仁"的理想社会。

　　"克己复礼"落实到日常生活中，则为"四勿"，即对"非礼"之行为，要勿视、勿听、勿言、勿动，这里可作两分：(1) 对他人的"非礼"行为，要有足够的宽容，即"勿视"与"勿听"。因为作为生活中的强者，常常会遭遇弱者冒犯，若一味地计较，甚至抓住弱者的冒犯而得理不饶人，那缺乏仁者气度。孔子教导颜回，此时要学会"勿视""勿听"的不介意，以表示对弱者们的宽容；(2) 自己面对弱者，"非礼"之言与行，都必须力戒。因为对弱者的非礼之言或行，必然会造成伤害，轻者伤害你的君子人格，重者造成弱者们的反抗。对于仁者来说，伤害他人，尤其是伤害比自己弱的人，那是绝对不能允许的。

　　本篇之次章，记仲弓问仁，孔子用"己所不欲，勿施于人"来释"仁"，而这与首章之"四勿"有异曲同工之妙，因为孔子说"己所不欲"也主要是针对强者而言的，只有强者方能够"施于人"，即有把自己意志强加于人的能力。孔子告诫强者，当你把意志强加给弱者的时候，扪心自问：如果我与对方换位，我愿意接受吗？这种以"换位思考"为手段的移情，是儒者特有的思维方式，只有学会这种换位思考，才可能真正理解儒家。

12.1　克己复礼

【原文】

颜渊问仁。子曰:"克己复礼为仁。一日克己复礼,天下归仁焉。为仁由己,而由人乎哉?"颜渊曰:"请问其目。"子曰:"非礼勿视,非礼勿听,非礼勿言,非礼勿动。"颜渊曰:"回虽不敏,请事斯语矣。"

【翻译】

颜渊问仁,孔子说:"克己复礼即为仁,一朝人人都能克己复礼,天下便归于仁之和谐的理想境界了。为仁须由我之当下做起,难道还需要与他人攀比吗?"颜渊说:"请详述。"孔子说:"人对己,非礼可勿视、勿听;己对人,非礼之言与行,须力戒。"颜渊说:"回虽不聪明,定会按您的教导去做。"

12.2　仲弓问仁①

【原文】

仲弓问仁。子曰:"出门如见大宾,使民如承大祭。己所不欲,勿施于人。在邦无怨,在家无怨。"仲弓曰:"雍虽不敏,请事斯语矣。"

【注释】

①　仲弓问仁：亚里士多德《尼各马可伦理学》中的"黄金法则"说：要像珍惜自己那样，去爱惜他人。这与孔子的"己所不欲，勿施于人"在语义上，存有某些类似。但孔子所倡导的是仁人的换位思考，它与亚里士多德的爱的换位思考，在主张上有一定的差距。

【翻译】

冉雍问仁，孔子说："出门紧张若将会见嘉宾，使民敬慎似临大祭。自己不能接受，切勿强加于人。在国力求无怨，在家力求无怨。"仲弓说："雍虽不聪明，定会按您的教导去做。"

12.3　其言也讱

【原文】

司马牛①问仁。子曰："仁者其言也讱。"曰："其言也讱，斯谓之仁已乎？"子曰："为之难，言之得无讱乎？"

【注释】

①　司马牛：司马耕，字子牛，宋司马桓魋之弟，孔门弟子。或许是司马耕爱多言，且性格急躁的原因。他向孔子问仁，答案却是"其言也讱"。其实孔子之意是：仁者要说有体悟之言，要边思边表达，不可信口开河。

【翻译】

司马牛问仁，孔子说："仁者不信口开河。"问："话不流利，就是仁人了吗？"答："仁做之困难，说又岂能容易？"

12.4　不忧不惧

【原文】

司马牛问君子。子曰："君子不忧不惧。"曰："不忧不惧，斯谓之君子已乎？"子曰："内省不疚，夫何忧何惧？"

【翻译】

司马牛问君子，孔子说："君子不忧不惧。"问："不忧不惧，就可成为君子了吗？"孔子说："君子内省而没有愧疚，何忧何惧之有？"

12.5　君子何患^①

【原文】

司马牛忧曰："人皆有兄弟，我独亡。"子夏曰："商闻之矣：死生有命，富贵在天。君子敬而无失，与人恭而有礼，四海之内，皆兄弟也。君子何患乎无兄弟也？"

【注释】

① 君子何患：司马牛其实有兄弟五人，但其余四兄弟巢、魋、子颀、子车都参与了桓魋之乱，以致司马牛不认这些兄弟，但他又觉得特别孤独。所

以他忧虑地说道："人们都有兄弟，唯独我没有。"而子夏则用孔子思想来安慰子牛，但孔子"死生有命，富贵在天"，并非教人自甘贫贱，不求进取。而是教人既自强不息，又安然顺命。既不因丧失自信而自暴自弃，也不因怨天尤人而愤愤不平。

【翻译】

司马牛忧虑地说道："人皆有兄弟，而我却无。"子夏说："我闻于夫子：死生自有命定，富贵全在天意。君子敬慎而无偏颇，对人恭敬有礼，四海之内，都会有兄弟。君子岂患无兄弟？"

12.6　浸润之谮

【原文】

子张问明①。子曰："浸润之谮，肤受之愬，不行焉，可谓明也已矣。浸润之谮，肤受之愬，不行焉，可谓远也已矣。"

【注释】

① 子张问明：子张问明哲，孔子以"浸润之谮"作答，实在精辟！所谓"浸润之谮"，指谗言就像温热毒水，浸润肌肤于无声无响之中，对人具有催眠作用，即所谓肤之受愬。能识谗言，便可谓明哲。

【翻译】

子张问明哲，孔子说："谗言如温毒之水，肌肤受害于无觉。让谗言失效，可谓明哲。谗言如温毒之水，肌肤受害于无觉。让谗言失效，可谓目光深邃。"

12.7 无信不立

【原文】

子贡问政。子曰:"足食,足兵,民信之矣。"子贡曰:"必不得已而去,于斯三者何先?"曰:"去兵。"曰:"必不得已而去,于斯二者何先?"曰:"去食。自古皆有死,民无信不立①。"

【注释】

① 民无信不立:孔子认为,人之贵,贵在有尊严,其次是生命,最后才是利益。个人利益不是不重要,但获取利益,不能不顾廉耻,更不能不要命。

【翻译】

子贡问政,孔子说:"衣食足,兵力足,使民自信。"问:"必不得已而去之,此三者谁为先?"答:"去兵。"问:"必不得已再去之,此二者谁为先?"答:"去食。人自古皆有死,而民若无自尊,则难立身于世。"

12.8　何以文为

【原文】

棘子成①曰："君子质而已矣，何以文为？"子贡曰："惜乎！夫子之说君子也，驷不及舌②。文犹质也，质犹文也。虎豹之鞟③，犹犬羊之鞟？"

【注释】

① 棘子成：卫国大夫。棘子成质疑君子"何以文为"，子贡认为：棘子成失言了。君子须文质相辅相成，文映衬其质朴，朴烘托其文华，相映成趣，方可成就其人格之完美。

② 驷不及舌：失言无追。

③ 鞟：去毛之皮谓之鞟。

【翻译】

棘子成说："君子质朴则可矣，文之者何为？"子贡说："可惜啊！您所说之'君子'，失言难追了。文可使质朴尤真，质可为文华添彩。否则虎豹之鞟，岂不与羊犬之鞟没区别？"

12.9　君孰与足①

【原文】

哀公问于有若曰："年饥，用不足，如之何？"有若对曰："盍彻乎？"曰："二，吾犹不足，如之何其彻也？"对曰："百姓足，君孰与不足？百姓不足，君孰与足？"

【注释】

① 君孰与足：彻乃是十抽一的税赋办法，有若对哀公讲的道理，即所谓"放水养鱼"。执政者奉行藏富于民的策略，让民众把日子过好，才能培养出创造财富的能力来。社会财富丰富了，政府的税源就会扩大，调动起百姓创业、生产的积极性，政府就会财源滚滚，何愁财用不足？这实际讲的是培养良好的经济生态的问题，官家若贪得无厌，民众肯定生活多艰。

【翻译】

鲁哀公问有若："年景差，财用不足，该如何应对？"答："何不彻？"哀公说："取十之二，仍不够用，彻如何可能？"有若说："若百姓富足，君如何能财用不足？百姓不足，君又何以能够财用足？"

12.10　崇德辨惑①

【原文】

子张问崇德辨惑。子曰："主忠信，徙义，崇德也。爱之欲其生，恶之欲其死，既欲其生，又欲其死，是惑也。'诚不以富，亦只以异。'②"

【注释】

① 崇德辨惑：子张学术悟性好，但性格较偏执。反映在生活中，看人看事往往会受情绪支配，对自己喜欢的人与事，爱的情绪使得他看不到对方的缺点；而对自己厌恶的人与事，厌恶的情绪也会遮蔽他的眼睛。孔子答子张之问，颇有针对性。

② "诚不以富，亦只以异"：引自《诗·小雅·我行其野》。讲的是一个被丈夫抛弃了的怨妇，在埋怨她的前夫说：不是她（前夫的新婚妻子）比我富有美貌，而是你变心了。

【翻译】

子张问如何崇德辨惑，孔子说："忠信立身，唯义行之，可谓崇德。爱者欲其生，恨者欲其死，情绪支配眼睛，好恶失据，是谓之惑。正如怨妇说：'不是我不美，而是你变心。'"

12.11　景公问政

【原文】

齐景公①问政于孔子。孔子对曰："君君，臣臣，父父，子子。"公曰："善哉！信如君不君，臣不臣，父不父，子不子，虽有粟，吾得而食诸？"

【注释】

① 齐景公：名姜杵臼，齐灵公之子，齐庄公之弟。景公问政于孔子，孔子以"君君、臣臣、父父、子子"作答，从语义结构上分析，前一个"君"是指君之名，而后一个"君"则是指君之实。"君君、臣臣、父父、子子"讲的是名实相符，即做君的要有君王的样子，做臣的应该有臣的样子，做父亲的要像个父亲，做儿子的要像个儿子。

【翻译】

齐景公问政，孔子说："君应像君，臣应像臣，父应像父，子应像子。"景公赞道："说得好！若君没君的样子，臣没臣的样子，父没父的样子，子没子的样子，虽有美食，焉能吃到？"

12.12 由无宿诺

【原文】

子曰："片言可以折狱者，其由也与！"子路无宿诺①。

【注释】

① 宿诺：此诺当为子路审理刑事案，对受害人的承诺，宿诺指隔夜兑现。孔子以讥讽的口吻，批评子路办事草率。因为审理刑事案件，是要确定当事人是有罪还是无罪，这是在确定国家有没有理由把国家的暴力施加于民众个人。这是件十分严肃的事情，丝毫的大意与草率，都有可能构成冤狱，甚至草菅人命，不得不慎之又慎。但子路却是急脾气，审理刑事案件，有时甚至可以不听完当事人的双方陈述，单凭一方之"片言"，就可以"折狱"，即对案件的性质及其当事人的责任，做出判断，孔子对子路的做法根本无法认同。

【翻译】

孔子说："凭片言便可决狱者，大概只有仲由能做到！"子路从不让承诺过夜。

12.13 必使无讼

【原文】

子曰："听讼，吾犹人也，必也使无讼①乎！"

【注释】

① 使无讼：所谓"讼"，即打官司，通过政治权威来审理的诉讼，都是人际冲突不可调和的反映。孔子的政治理想，是想通过爱与美德的提倡，尽可能减少人际冲突，即使出现冲突，也尽可能通过民事调解的办法来解决。他不希望利用政治权威，裹挟着国家的暴力，来解决人与人之间的普通冲突。

【翻译】

孔子说："审理官司，我不比别人高明，但我致力于不产生官司！"

12.14 子张问政

【原文】

子张问政。子曰："居之无倦，行之以忠。"

【翻译】

子张问政，孔子说："履职不懈怠，做事须尽忠。"

12.15　博学于文

【原文】

子曰："博学于文①，约之以礼，亦可以弗畔矣夫！"

【注释】

① 博学于文：本章与6.27章，只差"君子"二字。主题都是：学文约礼而弗畔。

【翻译】

孔子说："博学而文化，守礼成自觉，就不可能参与叛乱。"

12.16　成人之美

【原文】

子曰："君子成人之美，不成人之恶。小人反是。"

【翻译】

孔子说:"君子成全他人之美好,但不助益他人做坏事。小人则相反。"

12.17　孰敢不正

【原文】

季康子问政于孔子。孔子对曰:"政者,正也。子帅以正,孰敢不正①?"

【注释】

① 孰敢不正:孔子告诫季康子的话,是至理名言。当政者在德行上,应成为普通官吏和民众的楷模。无论是灌输爱国主义,还是塑造英雄模范,都没有官员身正对民众教化的作用大。官员身先垂范,其示范之力量无穷。

【翻译】

季康子问政,孔子说:"政道,即正道。自身端正,谁敢不端正?"

12.18　苟子不欲

【原文】

季康子患盗,问于孔子。孔子对曰:"苟子之不欲①,虽赏之不窃。"

【注释】

① 苟子之不欲：孔子借季康子问政的机会，批评执政者多欲。心底无私，政道自正。当权者的私欲或贪欲，是祸国乱民的元凶。胸中无公道，岂敢谈正义！

【翻译】

季康子忧患盗贼，问于孔子，孔子说："官员如无贪欲，虽鼓励，民亦无偷。"

12.19　官德如风①

【原文】

季康子问政于孔子曰："如杀无道，以就有道，何如？"孔子对曰："子为政，焉用杀？子欲善而民善矣。君子之德风，小人之德草。草上之风，必偃。"

【注释】

① 官德如风：在季康子"如杀无道，以就有道"的话语背后，存在着话语霸权的陷阱。季康子拥有执政权，他同时就拥有了界定"有道"与"无道"的话语权，于是他完全有条件以"道"的名义杀人，即用"无道"的罪名，对无辜者进行任意栽赃。所以季康子用维护道统的名义来大开杀戒，孔子坚决反对。孔子的理由是：官欲善而民善，君子之德行，必能化民成俗。

【翻译】

季康子问："若用杀无道，成就国有道，可行吗？"孔子说："你手握权柄，焉能用杀？官欲善而民善，官德如风，民德似草。官善风行，民必效之。"

12.20　闻达之辨①

【原文】

子张问："士何如斯可谓之达矣？"子曰："何哉，尔所谓达者？"子张对曰："在邦必闻，在家必闻。"子曰："是闻也，非达也。夫达也者，质直而好义，察言而观色，虑以下人，在邦必达，在家必达。夫闻也者，色取仁而行违，居之不疑，在邦必闻，在家必闻。"

【注释】

① 闻达之辨：孔子认为，所谓"达"者，"直"以为质，"义"以为度，察言观色，出语谨慎，在家通达，在国通达，即人情练达。而闻者"色取仁而行违"，只为博得个好名声。

【翻译】

子张问："士人如此做可否称之为达？"孔子问："你所谓之达，何所指？"子张答："在国闻名，家乡闻名。"孔子说："那只是闻，而非是达。所谓达者，直以为质，义以为文。举止得体，察言观色，有容于人。在国有口碑，在家有人缘。而闻者，饰仁义于门面，行苟且于私下。处处以仁人自居，在邦有人夸赞，在家亦有人夸赞。"

12.21 樊迟之问

【原文】

樊迟从游于舞雩之下，曰："敢问崇德修慝①辨惑。"子曰："善哉问！先事后得，非崇德与？攻其恶，无攻人之恶，非修慝与？一朝之忿，忘其身，以及其亲，非惑与？"

【注释】

① 修慝：改正错误。

【翻译】

樊迟随孔子游于舞雩之下，问："敢问崇德修慝辨惑。"孔子说："好问题！尽心做事，忽视报酬，岂不崇德？克己之短，能容人之短，岂不修慝？怒令智昏，不能自已，父兄不认，岂不为惑？"

12.22 举直错枉

【原文】

樊迟问仁，子曰："爱人。"问知，子曰："知人。"樊迟未达。子曰："举直错诸枉①，能使枉者直。"樊迟退，见子夏曰："乡也吾见于夫子而问知，子曰：'举直错诸枉，能使枉者直。'何谓也？"子夏曰："富哉是言乎！舜有天下，选于众，举皋陶②，不仁者远矣。汤有天下，选于众，举伊尹③，不仁者远矣。"

【注释】

① 举直错诸枉：本章孔子的"举直错诸枉"之论，立意是：政坛必须营造良好的政治生态，政治生态良好，直者受重用，不仁者远离，政府的信用就高，民众也会心悦诚服。反之奸佞谄媚者得势，仁者、直者被排挤，政治生态就龌龊，政府也就无法取得民众信任。

② 皋陶：舜时执政大臣。

③ 伊尹：汤时执政大臣。

【翻译】

樊迟问仁，孔子说："爱人。"问知，孔子说："知人。"樊迟未解惑。孔子说："举荐正直，让枉者感到挫败。"樊迟退而见子夏，问："刚才问知于夫子，夫子说：'举直错诸枉，能使枉者直。'何意？"子夏说："此话含义太丰富！舜治天下，选贤于众，荐举皋陶，非仁者远离矣；汤治天下，选贤于众，荐举伊尹，非仁者远离矣。"

12.23 子贡问友^①

【原文】

子贡问友，子曰："忠告而以善道之，不可则止，毋自辱焉。"

【注释】

① 子贡问友：孔子这里提出交友的三原则：首要是与人为善，从善良的愿望出发；其次是忠告而勿隐，发现朋友有过错，必须及时提醒，等着看笑话非交友之道；最后是勿自取其辱，忠告与提醒，必须看场合，以朋友接受得了为原则。不计场合，不顾及朋友的脸面，将会适得其反，并自取其辱。

【翻译】

子贡问友，孔子说："秉忠以告且导之以善，不听就算了，切勿自取其辱。"

12.24　以友辅仁

【原文】

曾子曰："君子以文会友，以友辅仁①。"

【注释】

① 以友辅仁：朋友间讲生命契合，可用追求生命契合的态度，去与他者相处。包括在家处理好亲亲；在外处理好泛君臣。与人相处，首先要致力于成为对方的朋友，成为父母的朋友，妻子的朋友，儿女的朋友，兄弟姐妹的朋友，领导的朋友，下属的朋友。用朋友间的真诚与友谊，去化解对身份的计较，可能是我们处理好"五伦"关系的最重要法宝，即"以友辅仁"。

【翻译】

曾子说："君子以文采觅朋友，以友情辅仁爱。"

第十三篇 子 路

【题解】

"子路"篇主题与上篇不尽相同，虽都"论政"，但上篇侧重"仁政"理想，而本篇则侧重"行政"，即政之能行。与"为政"篇相比，"为政"的内容较杂乱，而本篇"政论"内容较集中，全篇30章，其中22章论政，另有6章讨论君子人格，也可看成广义上的论政，仅有2章与政事无涉。而"归正"又是孔子论政的核心思想，所以本篇主题为"归正"较为合适。

"正名"是孔子政治思想的重要部分，上篇记孔子在回答齐景公问政时，曾提出著名的"君君、臣臣、父父、子子"，即要求君要有个君的样子，臣要有个臣的样子。在孔子看来：生活是个大舞台，每个人每天都需要在这个舞台上，扮演着不同的角色。对应着生活中的每个角色，人们都会产生一种关于"样子"的想象，人如果做人不像样子，那他就不配做人。从逻辑上讲，我们在生活中一旦配享了某种名，譬如说君、父、臣、子，就意味着我们对社会作出了一种伦理承诺，即我们愿意同时也有义务按照名所规定的行为规范而行事做人。要求人们兑现其伦理承诺，或者说按照名的规范行事，就是孔子"正名思想"的全部内容。

本篇的"名正言顺"章，孔子把关于"正名"话题的讨论，延伸到权力合法性领域，西方政治文明强调，权力的正当性在于它的合法性，其合法性又表现为权力获取的合程序性。而孔子则更强调：权力的正当性，在于当权者行为的合"名"性，即合乎民众心中的那个"样子"。如果君"不像个样子"，那他即刻就失去了行使权力的正当性，他就会被人们认定为"昏君"，那样他君的名就会被褫夺，他就会被骂为桀纣，甚至会被兴兵讨伐，以致被诛杀。

上篇记季康子问政于孔子，孔子提出著名的"政者，正也"的论断，即指出：政道即正道。本篇再记孔子说："其身正，不令而行；其身不正，虽令不从"；"苟正其身矣，于从政乎何有？不能正其身，如正人何？"此两章可以看成是对政道即正道观点的进一步补充与解释。正道的核心是公道心，公平、公允地为民办事，不让私欲、私心影响其行政决策，当是孔子正道思想的核心要义。

"近悦远来"章记述了孔子对正确君民关系的看法，他认为：君与民之间，也有生命契合的问题。君与民如能心灵相通，交融与共，民就会奉君为偶像，为领袖。君也会视民如伤，把民间冷暖疾苦挂在心上。这样君不仅会在本国获得赞誉，而且会蜚声国外。但若君与民的生命不契合，那样就会因君与民的互不理解而相互心生厌恶，当民对君心生恶感的时候，国家的政治危机就被酝酿了。

13.1　子路问政

【原文】

子路问政，子曰："先之劳之。"请益，曰："无倦。"

【翻译】

子路问政，孔子说："身先而勤政。"请讲得详细点。孔子说："无倦怠。"

13.2　识贤而举①

【原文】

仲弓为季氏宰，问政。子曰："先有司，赦小过，举贤才。"曰："焉知贤才而举之？"曰："举尔所知。尔所不知，人其舍诸？"

【注释】

① 识贤而举：孔子认为，仲弓虽能，但其为政，仍应以举贤才为第一要务。因为管仲常有，而鲍叔牙不常有！

【翻译】

仲弓为季氏宰，问政。孔子说："表率有司，赦人小过，举荐贤才。"问："如何识别贤才而举之？"孔子说："举荐己所知，你所不知者，他人安能舍之？"

13.3　正名言顺

【原文】

子路曰："卫君待子而为政，子将奚先？"子曰："必也正名乎？"子路曰："有是哉，子之迂也！奚其正？"子曰："野哉，由也！君子于其所不知，盖阙如也。名不正则言不顺，言不顺则事不成，事不成则礼乐不兴，礼乐不兴则刑罚不中，刑罚不中则民无所错①手足。故君子名之必可言也，言之必可行也。君子于其言，无所苟而已矣。"

【注释】

① 错：同"措"，安置也。

【翻译】

子路问："卫君若用你执政，你将从何入手？"孔子说："岂不从正名开始？"子路说："这样啊，您是否迂！名如何得正？"孔子说："乡巴佬，由也！君子对其不知之事，多不敢妄言。名不副实则言语不顺，言语不顺则做事难成，做事不成则礼乐难兴，礼乐不兴则刑罚错乱，刑罚错乱则民举止无措。故君子之于名也，名必可言，言必可行。君子对于言，丝毫马虎不得。"

13.4　樊迟学稼

【原文】

樊迟请学稼①。子曰："吾不如老农。"请学为圃。子曰："吾不如老圃。"樊迟出。子曰："小人哉，樊须也！上好礼，则民莫敢不敬；上好义，则民莫敢不服；上好信，则民莫敢不用情。夫如是，则四方之民襁负其子而至矣，焉用稼？"

【注释】

① 请学稼：樊迟向孔子请教稼与圃的技能，孔子未掩饰其无能，而是坦陈：不如老农；不如老圃。孔子固然多能，但也不可能事事精通。在弟子前承认其无能或低能，丝毫无损于孔子形象。接着孔子骂樊迟"小人哉"，但并无贬义。因为当时的农与圃之技术，都还使用不到文字。樊迟投于孔门，主要学"六艺"及使用文字的技能，此为入仕做官之所必需。如果学了技能，而不打算入仕，孔子认为：这种选择不应该，故骂其"小人哉"，即志向短浅。

【翻译】

樊迟问稼，孔子说："我不如老农。"问为圃，孔子说："我不如老圃。"樊迟出，孔子说："小人哉，樊迟！官好礼，民不敢不用敬；官好义，民不会不服；官有信，民不能不用情。若如此，四方民众皆背负婴儿跟随你，干吗用学稼？"

13.5　亦奚以为

【原文】

子曰："诵《诗》三百，授之以政，不达。使于四方，不能专对。虽多，亦奚以为？"

【翻译】

孔子说："熟读《诗》三百，授予政事，不能处理；遣使诸国，不能交流。识得再多，又有何用处？"

13.6　不令而行

【原文】

子曰："其身正，不令而行①；其身不正，虽令不从。"

【注释】

① 不令而行：为官者，思想不纯，行为不端，所发政令，形同儿戏，自然没威信。要想政令畅通，官必须率先垂范。制定规则者，自己或家人不遵守，官的威信，即刻瓦解！

【翻译】

孔子说："官员身正，政无须令；其身不正，令亦枉然。"

13.7 兄弟之政

【原文】

子曰："鲁卫之政，兄弟①也。"

【注释】

① 兄弟：春秋之鲁、卫，都是二流国家，既不能称霸诸侯，也不至于被大国吞并。既被大国欺凌，又被大国拉拢。内政也酷似，国君罕有作为，大夫们不乏贤者。治理虽乏善可陈，但也未出现大的失序。

【翻译】

孔子说："以政论鲁、卫，不分伯仲。"

13.8 子谓子荆

【原文】

子谓卫公子荆①："善居室。始有，曰：'苟合矣。'少有，曰：'苟完矣。'富有，曰：'苟美矣。'"

【注释】

① 公子荆：卫献公之子，字南楚。孔子称赞公子荆：对于居住条件，始终能够保持一种豁达的心态，这十分难得。

【翻译】

孔子称赞卫公子荆："他豁达其居，初有时说：'可以凑合'；少有时说：'已经不错'；富有时说：'已经完美'。"

13.9　富而教之

【原文】

子适卫，冉有仆。子曰："庶矣①哉！"冉有曰："既庶矣，又何加焉？"曰："富之。"曰："既富矣，又何加焉？"曰："教之。"

【注释】

① 庶矣：人口多。孔子以人为本，希望人丁兴旺后，民能够富裕起来，再通过礼乐文明之教育，使民众过上有尊严的、体面的、有教养的生活。

【翻译】

孔子去卫，冉有陪同。孔子说："人丁兴旺！"冉有问："人多了，再如何？"孔子说："使其富裕。"问："富而后，再如何？"孔子说："使民受教育。"

13.10　苟有用我

【原文】

子曰："苟有用我者，期月而已可也，三年有成。"

【翻译】

孔子说："若有人肯用我，一年会初见成效，三年会有所成功。"

13.11　诚哉是言

【原文】

子曰："'善人为邦百年，亦可以胜残去杀矣。'诚哉是言①也！"

【注释】

① 诚哉是言：本章孔子所引名言，不说"仁人为邦"，而说"善人为邦"，这说明"善人"的说法，此时已被广泛使用，而"仁人"的说法，应该自孔子始。善人治国，可胜残去杀。此善人与仁人，几无差别。

【翻译】

孔子说："'善人治国百年，也可以胜残去杀。'此话中肯！"

13.12　如有王者

【原文】

子曰："如有王者①，必世而后仁。"

【注释】

① 王者：何谓"王者"？孔子没具体说，只说"如有王者"。估计当王者之位与王者之德完美结合在一起的时候，就满足了孔子"如有王者"的条件。即使如此，仍需三十年，才可能让秩序归仁。

【翻译】

孔子说："如行王政，三十年后，秩序归仁。"

13.13　己正正人

【原文】

子曰："苟正其身矣，于从政乎何有？不能正其身，如正人何？"

【翻译】

孔子说："官如能身正，施政有何难？若秉权而营私，欲正人，岂有可能?"

13.14　公私有分①

【原文】

冉子退朝，子曰："何晏也?"对曰："有政。"子曰："其事也?如有政，虽不吾以，吾其与闻之。"

【注释】

① 公私有分：从语境上看，本章对话发生在孔子晚年归鲁之后。冉有此时可能已不再为季康子管家，而是在朝为公室（即鲁哀公）服务。由于孔子被鲁奉为国老，不需要天天上朝，冉有则为孔子充当信使，每天退朝后，负责把朝堂上的事，禀告于孔子。于是某日，冉有退朝较晚，孔子便与冉有发生如上对话，主题是：孔子对冉有参与谋划季氏的家事做法感到不满。利用朝会谋家事，这样有公私不分之嫌。

【翻译】

冉有退朝。孔子问："何以晚?"答："有政务。"孔子说："是家事吧?如有政务，我虽不参与，但一定会有耳闻。"

13.15　一言兴邦^①

【原文】

定公问："一言而可以兴邦，有诸？"孔子对曰："言不可以若是其几也。人之言曰：'为君难，为臣不易。'如知为君之难也，不几乎一言而兴邦乎？"曰："一言而丧邦，有诸？"孔子对曰："言不可以若是其几也。人之言曰：'予无乐乎为君，唯其言而乐莫予违也'，如其善而莫之违也，不亦善乎？如不善而莫之违也，不几乎一言而丧邦乎？"

【注释】

① 一言兴邦：本章对话中的"言"，指一种道理。兴邦之言，指正确的道理；丧邦之言，指荒谬的道理。生活中，道理决定信念，信念指挥行动。具有智慧含量的信念，给生活提供正能量，而歪理邪说，给生活提供负能量。

【翻译】

鲁定公问："一言可使邦国兴旺，可能吗？"孔子说："不可以如此期待语言。不过有言道：'为君难，为臣不易。'若君臣都能认同此说，岂不凭此一言而兴邦？"问："一言使邦国沦丧，可能吗？"孔子说："言的破坏力还不至于如此。不过有言道：'为君之乐，莫过于使人服从。'若使人为善，不违不亦善哉？但若使人为不善而不敢违，岂不能陷邦国于危难？"

13.16　近悦远来

【原文】

叶公问政。子曰："近者悦，远者来。"

【翻译】

叶公问政，孔子说："近者由衷喜，远者慕名来。"

13.17　欲速不达

【原文】

子夏为莒父宰，问政。子曰："无欲速，无见小利。欲速则不达①，见小利则大事不成。"

【注释】

① 欲速则不达：莒父乃鲁古邑，位于今山东省高密县东南。对于执政来说，有些事情需要快刀斩乱麻，但有些事情就得顺其自然，急不得，必须慢慢来。子夏到莒父执政的局面，可能就是一个急不来的局面。所以孔子告诫："欲速则不达。"

【翻译】

子夏出任莒父宰，问施政。孔子说："莫急躁，莫贪小利。冒进不会成功，贪小利会坏大事。"

13.18　直在其中①

【原文】

叶公语孔子曰："吾党有直躬者，其父攘羊，而子证之。"孔子曰："吾党之直者异于是，父为子隐，子为父隐，直在其中矣。"

【注释】

① 直在其中：攘乃偷。本章记叶公告诉孔子：家乡有直躬者，其父偷羊，子证其罪。显然叶公对此人的做法，表示肯定与赞许。孔子则表示不认同。孔子认为：以牺牲父子亲情为代价，来证明自己具有正直的品德，此做法已经属于表演，也亵渎了正直。于是孔子说：我家乡对正直的理解，和你们有所不同。若遇上"其父攘羊"案件，肯定会奉行一种"父为子隐，子为父隐"的原则，为了珍惜其父子亲情，让子回避；同样若子犯罪，也让其父回避。在这种相互回避的制度安排中，蕴含着保护人正直品格的考虑。强迫子在堂上指证其父，无异于逼子当庭说谎，进而破坏人们的正直品德。

【翻译】

叶公告诉孔子说："我家乡有直躬者，父亲偷人羊，儿子证其罪。"孔子说："我家乡对直的认知可不是这样，父为子回避，子为父回避，直就在其中。"

13.19　樊迟问仁

【原文】

樊迟问仁。子曰:"居处恭,执事敬,与人忠,虽之夷狄,不可弃也。"

【翻译】

樊迟问仁。孔子说:"居则恭静,执事尽心,待人忠信,虽去到夷狄,也不可丢弃。"

13.20　子贡问士①

【原文】

子贡问曰:"何如斯可谓之士矣?"子曰:"行己有耻,使于四方,不辱君命,可谓士矣。"曰:"敢问其次。"曰:"宗族称孝焉,乡党称弟焉。"曰:"敢问其次。"曰:"言必信,行必果,硁硁然小人哉!抑亦可以为次矣。"曰:"今之从政者何如?"子曰:"噫!斗筲之人,何足算也?"

【注释】

① 子贡问士:本章子贡在问读书人的行为规范。孔子认为读书人应该做到:有耻感,有能力,有信誉。耻感是德行的基础,无德行,做事没底

线，能力越大，危害就越大。在德行的基础上，读书人要具有担负责任的能力，读书未转化为能力，书就白读。最后读书人还应有使命意识，尽心履职是读书人所应必备之品质。

【翻译】

子贡问："如何可以称为士?"孔子说："有耻感而自律，有能力出使四方，领君命而不辱，可以谓士。"问："敢问其次等。"答："宗族人夸赞其孝，乡亲们夸赞其悌。"问："再其次如何?"孔子说："言必有信，行必有果。即使器量狭小，偏于算计，也勉强算读书人。"问："当今为政者如何?"孔子答："哟! 酒囊饭袋，何足挂齿?"

13.21 必也狂狷

【原文】

子曰："不得中行而与之，必也狂狷①乎! 狂者进取，狷者有所不为也。"

【注释】

① 必也狂狷：求中得正，乃中华传统文明之精神。本章孔子从性格上言，不得中道之人，要么是狂妄，要么狷介。狂妄者自信满满，过分进取，而谨慎不足。而狷介者自信不足，缺乏进取，做事畏首畏尾，优柔寡断。

【翻译】

孔子说："做事不取中道者，要么狂妄，要么狷介。狂妄者进取有过，狷介者非尽力而为。"

13.22　南人有言[①]

【原文】

子曰："南人有言曰：'人而无恒，不可以作巫医。'善夫！'不恒其德，或承之羞'。"子曰："不占而已矣。"

【注释】

① 南人有言：本章主题是强调恒心与毅力对于人做事，尤其是从事神圣之事的重要性。南人谚语"人而无恒，不可以作巫医"受孔子赞叹，并与北方谚语"不恒其德，或承之羞"相比照。孔子进一步指出：无恒德，不占就好了。

【翻译】

孔子说："南人有谚'人而无恒，不可以作巫医。'说得好啊！岂不若'不恒其德，或承之羞'。"孔子说："不占就好了。"

13.23　和而不同[①]

【原文】

子曰："君子和而不同，小人同而不和。"

【注释】

① 和而不同：孔子认为，君子追求和谐，但承认差异，并保护差异。小人相反，通过消灭差异，来追求同一或一律。无差异的同一，就是消灭大千世界的生机。

【翻译】

孔子说："君子致力和谐，同时保护万紫千红；小人毁灭差异，片面追求千人一面。"

13.24　睿察识人

【原文】

子贡问曰："乡人皆好之，何如？"子曰："未可也。""乡人皆恶之，何如？"子曰："未可也。不如乡人之善者好之，其不善者恶之。"

【翻译】

子贡问："乡人都夸赞，此人如何？"孔子说："未必真好。""乡人都厌恶，此人如何？"孔子说："未必真坏。真君子，乡之善人皆称赞，乡之不善者皆厌恶。"

13.25　君子使人①

【原文】

子曰："君子易事而难说也。说之不以道，不说也。及其使人也，器之。小人难事而易说也。说之虽不以道，说也。及其使人也，求备焉。"

【注释】

① 君子使人：孔子将使人者两分，即分为君子使人与小人使人。君子使人以德，量才而适用，靠逢迎拍马，将不会得到赞许；小人使人以诈，爱弄权术，恩威并施，对阿谀奉承，却感觉受用。

【翻译】

孔子说："君子好侍奉，却难讨好。不以道悦之，难取悦。至于用人，量才而用之。小人难侍奉，却易讨好。歪门邪道，可使之悦。至于用人，则求全责备。"

13.26　泰而不骄①

【原文】

子曰："君子泰而不骄，小人骄而不泰。"

【注释】

① 泰而不骄：君子之泰，首先指庄重和自尊，其次也有在危难之时，所表现出的镇定与自若。通常所谓"每临大事有静气"，便是对君子泰然的一种描述。小人待人，在遭遇富贵时不免谄媚，在遭遇贫贱时又不免骄横。即没有一个庄重的样子，经常会失去尊严。在遭遇重大危机的时候，又会失去自信，变得六神无主。故孔子称其为"骄而不泰"。

【翻译】

孔子说："君子庄重自尊而不骄横，小人骄横失泰而无自尊。"

13.27　刚毅木讷

【原文】

子曰："刚毅木讷①近仁。"

【注释】

① 刚毅木讷：孔子讲刚毅近仁好理解，但为何说木讷者近仁？木讷是指在毫无准备的情况下，仁者绝对不会滔滔不绝地信口开河。但对于有准备之言，仁者依然能够清晰而准确地表达思想。仁者之言，皆出自切身的生命体验，是"自家体贴出来的"东西，即是对生活与人生的感悟。仁者反对言之无物，更反对以炫博为能事的显摆。

【翻译】

孔子说："刚毅而木讷，最接近仁。"

13.28　切切偲偲①

【原文】

子路问曰："何如斯可谓士矣？"子曰："切切偲偲，怡怡如也，可谓士矣。朋友切切偲偲，兄弟怡怡。"

【注释】

① 切切偲偲：相互监督。本章主要讲读书人，应该像朋友那样，不仅在学问上，通过相互切磋而取长补短；更该在做人上，从善意出发，相互监督着对方，并时常提醒着。朋友间以生命契合为前提，相互指出对方过错，只会加深友情，而不会伤害友谊。这样士人们可在相互监督的互动中，实现德行修养的共同进步。同时，读书人相互交往，相处欢愉而和睦，能培养出兄弟般的情谊。

【翻译】

子路问："何为可谓士？"孔子说："能相互切磋监督，相处欢快愉悦。即可谓士。似朋友般地相互切磋监督，像兄弟般地欢快愉悦相处。"

13.29 七年即戎

【原文】

子曰:"善人教民七年,亦可以即戎矣。"

【翻译】

孔子说:"善人使民,练兵七年,方可戎装出征。"

13.30 战之弃民

【原文】

子曰:"以不教民战,是谓弃之。"

【翻译】

孔子说:"以未训之民战,等于弃民。"

第十四篇 宪 问

【题解】

"宪问"篇幅最长，全篇44章，篇题定为"士得"较为合适。前20章主要讨论士人品德的养成，既有对现有读书人德修的建议，也包含对历史人物人格得失的评价。前7章从"原宪问耻"，到"爱劳忠诲"，主要讨论读书人该如何做人，如何修养品德；其后连续12章，仅1章讨论做人，其余11章集中讨论对历史人物的评价，不仅评价了子产、管仲、齐桓公、晋文公、卫灵公、子西等著名历史人物，也评价了像公叔文子、臧武仲、孟公绰、卞庄子等在历史上不太著名的历史人物。孔子对历史人物的评价，有的是评点其人格特质，譬如对齐桓公、晋文公的评价；有的是评点其历史功绩，譬如对管仲、子产；有的是针对其人格缺陷，譬如对臧武仲、子西等。孔子评点历史人物，着眼于总结其做人的成败，进而为当下的读书人学做人提供借鉴。本篇与下一篇，亦可视作"姊妹篇"。

在孔子对众多历史人物的评价中，最值得关注的莫过于对管仲的评价。孔子对管仲的做人，显然并不认同。但他对管仲所取得的历史功绩，又给予了高度评价。如所周知："管鲍之交"与公子小白"不记射钩之辱"的故事，乃中华政治文明史上，最富传奇色彩的"尚贤故事"。虽然子路认为：管仲不殉公子纠而死，而选择为公子纠的政敌服务，有失士人气节，因而不合于"仁人"标准。但孔子则从管仲后来的人生辉煌，来评价管仲当初的人生选择，并罕有地称赞管仲"如其仁，如其仁"。孔子认为：评价圣与仁的根本标准是外在事功，即只有为天下之民或者社会的文明进步，作出了杰出贡献的人物，才可配享圣人或仁人的盛誉。人生的价值和意义在于：在历史的长河里，留下个人的贡献。个体生命的不朽，不在于肉体生命的延续，而在于个人勋业的永存，以及精神与美德的永固。就"三不朽"言，立功是立德与立言的基础。有勋业者，必有美德，其对生活的感悟，也才可能会成至理名言，并被人们永久铭记。

下半篇的 24 章，主题偏于散乱。其中记述孔子做人之德行的有 6 章，"沐浴而朝"章记：鲁哀公十四年，大夫田常弑杀齐简公。此时被鲁奉为国老的孔子，觉得自己有权利同时也有义务对天下作个提醒。他当然知道，鲁哀公说了不算，更知鲁无力伐齐。但他希望以"沐浴而朝"的虔敬，提请人们注意：陈成子弑简公，是向天下发出了大夫篡夺君位的不祥信号，天下人如不能协力阻止，更大规模的政治动荡，将为期不远。由此可以说，孔子已预见到战国时代的到来。而"夫子何为""原壤夷俟"两章，都是记孔子如何与朋友交，"夫子何为"记孔子与卫国大夫蘧伯玉通过信使而实现心灵沟通的故事，而"原壤夷俟"则记孔子与发小原壤不拘礼节的亲密互动。"非敢为佞"记孔子对微生亩善意质疑的巧妙回答，"公伯寮愬"章则记孔子对背叛师门之弟子的大度，"未之难矣"章记孔子与荷蒉老者间用心灵而达成的对话等。其余各章，大都与美德与人格修养相关。

14.1　原宪问耻^①

【原文】

宪问耻。子曰："邦有道，谷；邦无道，谷，耻也。""克、伐、怨、欲不行焉，可以为仁矣？"子曰："可以为难矣，仁则吾不知也。"

【注释】

① 原宪问耻：羞耻感，是士人人格养成的必要前提。没羞没耻，任何美德都无所凭依。本章原宪先问耻，接着问仁。

【翻译】

原宪问耻，孔子说："有道而仕，享禄理直气壮；无道而仕，享禄当以为耻。"又问："让好胜、自吹、牢骚、贪欲的毛病，皆不染身，可否为仁？"孔子说："那难能可贵，至于仁我不敢说。"

14.2　怀居非士

【原文】

子曰："士而怀居^①，不足以为士矣。"

【注释】

① 士而怀居：孔子认为，士不能胸怀天下，仅关心自家生活，目光短浅，就不配为士。

【翻译】

孔子说："只关心自家，不配享士之名号。"

14.3 危行言孙①

【原文】

子曰："邦有道，危言危行；邦无道，危行言孙。"

【注释】

① 危行言孙：孙，即"逊"。本章孔子告诫：士人在生活里，要学会规避风险。有道而仕，力行正义；无道而仕，正道而逊言，不做无谓牺牲。

【翻译】

孔子说："有道而仕，正言正行；无道而仕，正行而言逊。"

14.4 达德之辨①

【原文】

子曰："有德者必有言，有言者不必有德。仁者必有勇，勇者不必有仁。"

【注释】

① 达德之辨：从不朽意义言，把名字留在书本上易，而刻在人心上难，所以有德难于有言。同样有勇易，而有勇同时有仁则很难。

【翻译】

孔子说："立德者必能立言，立言者未必有德。仁者必有勇，勇者未必仁。"

14.5 君子若人①

【原文】

南宫适问于孔子曰："羿善射，奡荡舟，俱不得其死然。禹、稷躬稼而有天下。"夫子不答。南宫适出，子曰："君子哉若人，尚德哉若人！"

【注释】

① 君子若人：南宫括问于孔子：神射者羿与神楫者奡，虽勇猛过人，但以力而征服天下，终殒命于途；而禹与稷，以教民躬耕而为天下带来文明进步，终于享有了天下。道理为何？由于南宫之问的答案已被其蕴含，所以得到孔子的高度赞赏。

【翻译】

南宫适问孔子："羿善射，奡神楫，都殒命于征途。而禹、稷躬耕，却享有了天下。为何？"孔子不答。南宫适出，孔子说："君子者此人，崇德者此人！"

14.6　君子未仁①

【原文】

子曰："君子而不仁者有矣夫，未有小人而仁者也。"

【注释】

① 君子未仁：君子志于仁，但未达仁人境界者，也不在少。小人压根就不以仁立志，也无成为仁人之可能。

【翻译】

孔子说："君子而未仁者，大有人在；小人而仁者，全无可能。"

14.7　爱劳忠诲^①

【原文】

子曰："爱之，能勿劳乎？忠焉，能勿诲乎？"

【注释】

① 爱劳忠诲：孔子对自己的言说，而其所爱对象应该是学生，或可引申为亲人、国家或民族。

【翻译】

孔子说："爱他，岂能不为之操劳？忠于事业，岂能不尽心而诲？"

14.8　子产为命

【原文】

子曰："为命，裨谌草创之，世叔讨论之，行人子羽修饰之，东里子产^①润色之。"

【注释】

① 东里子产：东里为子产住地。子产执政，广纳人才，其中子太叔游

吉有文采，公孙挥子羽善辞令，都是名动四方的大夫。每逢发布政令，裨谌负责起草，子太叔负责组织讨论，公孙挥润色加工，最后子产审定。职责明确，分工合理，程序严谨，避免出错。受到孔子的高度赞许。

【翻译】

孔子说："发布政令，裨谌起草，子太叔讨论，外交官子羽修饰，东里子产润色审定。"

14.9　子答惑问①

【原文】

或问子产。子曰："惠人也。"问子西。曰："彼哉，彼哉。"问管仲。曰："人也，夺伯氏骈邑三百，饭蔬食，没齿无怨言。"

【注释】

① 子答惑问：本章记述孔子对三位春秋著名人物的评价。对子产，由于子产执政，郑国人不仅享受到由稳定所带来的繁荣，而且使郑国在大国争霸的夹缝中，获得了前所未有的尊严与国际尊重，郑国人深得子产执政的恩惠。所以得孔子"惠人"的评价。对子西，孔子不知该如何评价。子西，即楚公子申，为楚昭王时期的楚国令尹。曾为楚国赶走吴人入侵，并复兴国家，作出过重要贡献。他先后两次拒任楚王，在诸侯国间享有美誉。但子西又为名所累，因其妇人之仁，而酿成楚国的"白公之乱"。子西也在这场空前的国难中，不幸殒命。对管仲，孔子欣赏其能力与才华，但不认同其为人。孔子举例说：管仲凭借权力，剥夺伯氏骈地三百户食邑，使得伯氏晚年以粗茶淡饭度日。但伯氏至于没齿，都对管仲没有怨言。

【翻译】

有人问子产。孔子答："使民得惠。"问子西。孔子说："他嘛，他嘛。"问管仲。孔子说："够人物。夺伯氏骈邑三百户，令其穷困，却没齿无怨言。"

14.10　贫怨富骄①

【原文】

子曰："贫而无怨难，富而无骄易。"

【注释】

① 贫怨富骄：唯心向道，方能克服贫怨富骄的毛病。孔子觉得：让贫者无怨与让富者不骄皆不容易，或许使富者不骄，稍显容易些。

【翻译】

孔子说："让贫而无怨太难，使富而不骄稍易。"

14.11　绰之才用

【原文】

子曰："孟公绰①为赵、魏老则优，不可以为滕、薛大夫。"

【注释】

① 孟公绰：鲁国大夫。本章孔子讨论人才的使用，孟公绰可能是参谋型人才，孔子认为：他为赵、魏之"老"则优，为小诸侯国滕、薛之大夫就不合适。

【翻译】

孔子说："让孟公绰做赵、魏之老甚佳，但做滕、薛之大夫就不合适。"

14.12　成人四俱①

【原文】

子路问成人。子曰："若臧武仲之知，公绰之不欲，卞庄子之勇，冉求之艺，文之以礼乐，亦可以为成人矣。"曰："今之成人者何必然，见利思义，见危授命，久要不忘平生之言，亦可以为成人矣。"

【注释】

① 成人四俱：成人者，人格完美之人。所以孔子认为：成人按古人的要求需知、仁、勇、才四俱，其中孔子所列臧武仲、孟公绰、卞庄子等皆鲁国名士。而今人对成人的要求，标准可适当降低。

【翻译】

子路问成人。孔子说："有臧武仲的智慧，孟公绰的豁达，卞庄子的勇敢，冉求的才干。再用礼乐而文之，即可为成人。"又说："今之成人，未必如此要求，见利能思义，临危敢领命，处困不忘平生之志，亦可谓之成人。"

14.13　岂其然乎[①]

【原文】

子问公叔文子于公明贾曰："信乎，夫子不言不笑不取乎？"公明贾对曰："以告者过也。夫子时然后言，人不厌其言。乐然后笑，人不厌其笑。义然后取，人不厌其取。"子曰："其然，岂其然乎?!"

【注释】

① 岂其然乎：此对话当发生于孔子仕卫期间，公叔文子与公明贾，均卫国大夫。孔子对文子的"三不"传奇感兴趣，问于公明贾，所得回答让孔子更加称奇。

【翻译】

孔子问公叔文子于公明贾："听说夫子不言语，不苟笑，不索取，可信吗？"公明贾答："肯定错了，他老人家，讲话谈吐有度，人乐其言而嫌少；喜笑自然得体，人乐其笑而罕见；取予守义，人乐于见其取。"孔子惊叹曰："是吗？果真是这样吗?!"

14.14　武仲要君^①

【原文】

子曰："臧武仲以防求为后于鲁，虽曰不要君，吾不信也。"

【注释】

① 武仲要君："臧武仲以防求为后于鲁"事件，发生在鲁襄公二十三年，臧武仲为了逃避季氏与孟孙氏的联手迫害，逃亡至齐国，然后致信鲁襄公，希望能够以放弃臧氏防邑为代价，换取襄公为其择立新的家族继承人，孔子认为这有要挟鲁襄公之嫌。

【翻译】

孔子说："臧武仲以防为代价，换取襄公择立，若说不要挟，我则不信。"

14.15　齐桓晋文^①

【原文】

子曰："晋文公谲而不正，齐桓公正而不谲。"

【注释】

① 齐桓晋文：对齐桓公、晋文公的臧否，孔、孟之间存在明显差异。孟子以"以力假仁"的理由，从根本上否认齐桓公、晋文公，而孔子则充分肯定齐桓公、晋文公的历史功绩。对于齐桓公、晋文公的个人品质，孔子则认为：齐桓公的心地比晋文公更为纯正，相比之下，晋文公的内心存在着狡黠，即诡谲。

【翻译】

孔子说："晋文公狡黠而弗正，齐桓公心正不诡谲。"

14.16　管仲其仁

【原文】

子路曰："桓公杀公子纠，召忽死之，管仲不死。"曰："未仁乎？"子曰："桓公九合诸侯，不以兵车，管仲之力也。如其仁，如其仁！"

【翻译】

子路说："齐桓公杀公子纠，召忽殉难，管仲不死。"问："他岂能配称仁？"孔子说："齐桓公九会诸侯，不靠兵车，全凭管仲之智谋，如此即仁，如此即仁！"

14.17 一匡天下

【原文】

子贡曰："管仲非仁与？桓公杀公子纠，不能死，又相之。"子曰："管仲相桓公，霸诸侯，一匡天下，民到于今受其赐。微管仲，吾其被发左衽①矣。岂若匹夫匹妇之为谅也，自经于沟渎②而莫之知也！"

【注释】

① 被发左衽：披发袒臂，处于处野蛮状。

② 自经于沟渎：自杀于沟壑。

【翻译】

子贡问："管仲岂可为仁？桓公杀公子纠，他非但不死，而又相桓公。"孔子说："管仲相齐桓公，称霸诸侯，匡正天下，民至今受其福荫。若无管仲，至今我们仍披发左衽，不离蛮貊啊！你所执着者，乃匹夫匹妇之信义。这样做，你岂不是自杀于沟壑之中，而全然不觉！"

14.18　可以为文①

【原文】

公叔文子之臣大夫僎，与文子同升诸公。子闻之曰："可以为文矣。"

【注释】

① 可以为文：《逸周书·谥法解》指出："道德博厚曰文。"从前文孔子与公明贾对话中，我们已知公叔文子的不言、不笑、不取，他实为道德境界极高的卫国大夫。此章又讲公叔文子有雅量，能与家臣僎同升为诸公。此更为"道德博厚"。所以孔子说：赐谥为"文"，恰当。

【翻译】

公叔文子家臣大夫僎，与文子同擢升为诸公，孔子听闻后说："赐谥为文，挺合适。"

14.19　奚而不丧①

【原文】

子言卫灵公之无道也。康子曰："夫如是，奚而不丧？"孔子曰："仲叔圉治宾客，祝鮀治宗庙，王孙贾治军旅，夫如是，奚其丧？"

【注释】

① 奚而不丧：本章记孔子晚年回鲁，一次与季康子讨论卫国政治。主题是卫灵公昏庸，国为何不灭？孔子认为：卫灵公善用人，仲叔圉、祝鮀、王孙贾三大夫，尽心履职，国岂能灭？

【翻译】

孔子说卫灵公昏庸无道。季康子问："既如此，卫国何以不灭？"孔子说："仲叔圉掌外交，祝鮀治礼仪，王孙贾治军旅。如此善治，国何以灭？"

14.20　其言不怍

【原文】

子曰："其言之不怍①，则为之也难。"

【注释】

① 其言之不怍：孔子批评某人说话大言不惭，想获得信任，得立于人群之间，就十分困难。孔子之察人之明在于：观其言而断其人。

【翻译】

孔子说："大言而不惭，为人也困难。"

14.21   沐浴而朝

【原文】

陈成子弑简公。孔子沐浴而朝，告于哀公曰："陈桓杀其君，请讨之。"公曰："告夫三子。"孔子曰："以吾从大夫之后，不敢不告也。君曰'告夫三子'者！"之三子告，不可。孔子曰："以吾从大夫之后，不敢不告也。"

【翻译】

陈成子弑齐简公，孔子沐浴而朝，告于鲁哀公："陈桓弑其君，请讨伐。"哀公说："请告三桓。"孔子说："我作为从大夫，不敢不说。是哀公吩咐'同三桓商量'的！"登三桓门而告，不允。孔子说："作为从大夫，我不敢不告。"

14.22   由问事君

【原文】

子路问事君，子曰："勿欺也，而犯之。"

【翻译】

子路问事君，孔子说："切勿欺瞒君上，宁可犯颜直谏。"

14.23　理想分工^①

【原文】

子曰："君子上达，小人下达。"

【注释】

① 理想分工：在孔子的心目中，理想的社会分工是：社会分为君、君子、小人（吏）、民四个阶层，君子对君负责，小人对君子负责，并把君王意志传达给民众。

【翻译】

孔子说："君子上达于君，小人下达于民，至为理想。"

14.24　学当为己^①

【原文】

子曰："古之学者为己，今之学者为人。"

【注释】

① 学当为己：本章孔子用"古之学者"与"今之学者"对举的方式，

表达他对学人学习目的不端正的批评。他认为：正确的学习态度，应该是为了改善自己，提高自己的人生境界而学。而今许多人，学习目的就是为了显摆，以博取他人崇拜，显然目的不纯。

【翻译】

孔子说："古之学者为修己，今之学者博瞩目。"

14.25　夫子何为^①

【原文】

蘧伯玉使人于孔子。孔子与之坐而问焉，曰："夫子何为?"对曰："夫子欲寡其过而未能也。"使者出。子曰："使乎，使乎!"

【注释】

① 夫子何为：蘧伯玉，名蘧瑗，字伯玉，卫国大夫，与孔子为莫逆之交。此章记蘧伯玉派人看望孔子，寒暄间，使者的妙答，不仅传递了蘧伯玉的问候，同时也实现了孔子与蘧伯玉之间关于如何做人的一次心灵交流，引起孔子的高度赞叹。

【翻译】

蘧伯玉使人问候孔子，孔子赐座而问："先生何为?"答："先生在思虑如何减少错误，但却未找到办法。"使者出，孔子感叹说："如此使者，如此使者!"

14.26　思不出位^①

【原文】

子曰："不在其位，不谋其政。"曾子曰："君子思不出其位。"

【注释】

① 思不出位：本章子曰部分重复 8.14 章，曾子曰后内容，当为曾子对孔子论断的解读。君子之思与君子之谋，都当与自己身份相符。僭越之思，就是不安分。做人不安分，何以为君子？

【翻译】

孔子说："身不居权位，不为权者谋。"曾子说："君子之思，不越其位。"

14.27　言过行耻

【原文】

子曰："君子耻其言而过其行。"

【翻译】

孔子说："言过其行，君子耻之。"

14.28　夫子自道

【原文】

子曰："君子道者三，我无能焉。仁者不忧，知者不惑，勇者不惧。"子贡曰："夫子自道也。"

【翻译】

孔子说："君子之道有三，我并非能全做到。仁者无忧虑，智者不困惑，勇者不恐惧。"子贡说："夫子在说他自己。"

14.29　子贡方人

【原文】

子贡方人①。子曰："赐也贤乎哉？夫我则不暇。"

【注释】

① 方人：此处的"方人"，不仅说与人攀比，更有用己之长比人之短的意味。

【翻译】

子贡说人之短，孔子说："你就多好吗？换我就没这闲工夫。"

14.30　患其不能

【原文】

子曰："不患人之不己知，患其不能也。"

【翻译】

孔子说："读书人不应该为未名而焦虑，更应该为无能而担心。"

14.31　不忆不信

【原文】

子曰："不逆诈，不忆不信①，抑亦先觉者，是贤乎！"

【注释】

① 不忆不信：即不臆想别人没信用，孔子建议人们别带着疑人偷斧的眼光，把他人想象为欺骗者。仁人以诚换心，从善意出发，想象他者必定善良。但仁者同时也不可以被欺骗，不会陷入别人欺骗的陷阱。

【翻译】

孔子说:"不逆想他人有诈,不臆想他者无信,但对欺诈亦有先觉。能如此者贤也哉!"

14.32　非敢为佞

【原文】

微生亩①谓孔子曰:"丘何为是栖栖者与?无乃为佞乎?"孔子对曰:"非敢为佞也,疾固也。"

【注释】

① 微生亩:某位孔子的同情者,他对孔子说:你这样奔波劳顿,颠沛流离,到处去游说诸侯,难道不是在逞口舌之能吗?孔子答:非敢为佞,天下之疾固太深了。对常人的善意质疑,孔子简单解释,既没有表示不屑,也不愿太费口舌。其分寸把握,自然得体。

【翻译】

微生亩对孔子说:"您恓惶奔波,所求者何?岂不让人觉得,您在逞口舌之能?"孔子说:"我何敢逞能,只是天下之疾固太深了。"

14.33　骥称其德

【原文】

子曰："骥不称其力，称其德也。"

【翻译】

孔子说："骥非力大受赞，而因志向高远。"

14.34　以直报怨[①]

【原文】

或曰："以德报怨，何如？"子曰："何以报德？以直报怨，以德报德。"

【注释】

① 以直报怨：笼统地对一切"怨"都报之以德，可能成为不真诚的说教！正如"舍身饲虎"故事或"爱敌如友"说教一样，与人情不符。孔子"以直报怨，以德报德"思想，既合人情，又闪烁着生命的智慧之光，乃是合宜的做人原则。

【翻译】

有人问："以德报怨，如何？"孔子说："那用什么来报德？不若以直报怨，以德报德。"

14.35　知我者天

【原文】

子曰："莫我知也夫！"子贡曰："何为其莫知子也?!"子曰："不怨天，不尤人，下学而上达。知我者其天乎!"

【翻译】

孔子叹："无人真的知我啊!"子贡问："为何要做如此感叹?!"孔子说："我上不埋怨于天，下不怪罪于人。下学于人情，上达于天道。唯有天能知我。"

14.36　公伯寮愬

【原文】

公伯寮愬①子路于季孙，子服景伯以告曰："夫子固有惑志于公伯寮也，吾力犹能肆诸市朝。"子曰："道之将行也与，命也；道之将废也与，命也。公伯寮其如命何?"

【注释】

① 公伯寮愬：本章的公伯寮当为孔门叛逆，希望通过"愬"子路，即诬告子路于季氏，来巴结权贵。而子服景伯当为鲁国大夫，他对公伯寮的行为十分看不惯，便义愤填膺地告知孔子。孔子泰然应对，不失仁人风范。

【翻译】

公伯寮在季氏前诬告子路，子服景伯说："季桓子已被公伯寮迷惑，您老若愿意，我有能力游说季桓子，让公伯寮伏尸街头。"孔子说："道之流行，由命；道之存废，由命。命定使然，公伯寮又能如何？"

14.37　贤者四避①

【原文】

子曰："贤者辟世，其次辟地，其次辟色，其次辟言。"子曰："作者七人矣。"

【注释】

① 贤者四避：本章孔子以知避论贤，乱世知隐，是为大贤；乱邦弗居，能知进退，是为中贤；事君能察言观色，遇冷颜知避，亦为贤者；贤者有教养，言谈举止，有一定之规，可避情绪失控，口不择言。

【翻译】

孔子说："上贤能避世道之乱，次贤能避邦国之乱，再次能避颜色之冷，下贤能避言语失范。"孔子又说："能四避全做到者，仅七人而已。"

14.38　晨门遇问^①

【原文】

子路宿于石门。晨门曰："奚自？"子路曰："自孔氏。"曰："是知其不可为而为之者与？"

【注释】

① 晨门遇问：本章记述的是子路晨门遇问的故事，子路答：来自孔氏之门，门吏接着问：是那个"知其不可为而为之"的执拗之人吗？这就是孔子在普通人心目中的形象，他们无法理解，但也由衷敬佩！

【翻译】

子路夜宿石门，晨返，城吏问："哪儿来？"子路答："来自孔门。"问："是那个明知事做不成，而执拗坚持的人吗？"

14.39　未之难矣^①

【原文】

子击磬于卫，有荷蒉而过孔子之门者，曰："有心哉，击磬乎！"既而曰："鄙哉，硁硁乎！莫己知也，斯己而已矣。深则厉，浅则揭。"子曰："果哉！末之难矣。"

【注释】

① 末之难矣：本章记孔子与荷蒉老者间用心灵而达成的对话。老者通过磬声而知孔子心声，孔子以无语来应对老者指责。音乐语言是二人心灵交流的媒介，他们之间的对话是高境界平台上而实现的所谓神交。神交者之间，往往是无声胜于有声。

【翻译】

孔子居卫，在家奏磬。有担草筐之老者从门前经过，说："真有雅兴！击磬来着。"未答。老者说："真差劲！你硁硁作怨，哀叹莫己知，自我欣赏有何不好？涉世如涉水，水深穿衣而过，水浅撩襟蹚水而已。"老人走，孔子说："说得是！我无法反驳。"

14.40 三年不言①

【原文】

子张曰："《书》云：'高宗谅阴，三年不言。'何谓也？"子曰："何必高宗，古之人皆然。君薨，百官总己以听于冢宰，三年。"

【注释】

① 三年不言：《尚书·无逸》有殷高宗"乃或亮阴，三年不言"的记载，东汉马融注：亮，信也；阴，默也。指殷高宗武丁即位之初，听于冢宰（执政大臣），信默而不言。估计子张读到《无逸》，由于对"乃或亮（谅）阴，三年不言"的话无法理解，而请教于孔子。孔子的回答是：岂止高宗，古时

当旧君薨（死），所有新的王位继任者，都应遵循这一原则。

【翻译】

子张问："《书》记载：'高宗谅阴，三年不言。'何意？"孔子说："何必殷高宗，古人皆如此。君王薨，百官听令于执政大臣，须三年。"

14.41　使民以礼

【原文】

子曰："上好礼，则民易使也。"

【翻译】

孔子说："君王若能好礼，民众乐意服从。"

14.42　修己而安

【原文】

子路问君子。子曰："修己以敬。"曰："如斯而已乎？"曰："修己以安人。"曰："如斯而已乎？"曰："修己以安百姓。修己以安百姓，尧舜其犹病诸？"

【翻译】

子路问君子，孔子说："修己而虔敬。"问："如此是否足够？"答："修己而使人安。"问："如此是否足够？"答："修己而使百姓安。修己而使百姓安，尧舜恐也难做到。"

14.43　原壤夷俟①

【原文】

原壤夷俟。子曰："幼而不孙弟，长而无述焉，老而不死，是为贼！"以杖叩其胫。

【注释】

① 原壤夷俟：孔子拜访老朋友原壤，原壤则以"夷"的方式，迎候孔子。据考"夷"为两腿平放的坐姿，通常也称"箕踞"，是一种十分休闲放松的姿态。以此姿态迎客，会被认为十分无礼。对老朋友的无礼，孔子以戏谑相讥讽，说完又用手杖敲打着原壤小腿。这个诙谐生动的故事，告诉我们：生命相契的友谊，可以超越对礼的计较。在真诚友谊的基础上，"无礼以待"与嬉笑调侃，却是他们相互致意的最佳表达。

【翻译】

原壤夷俟孔子，孔子说："幼时轻慢无状，长大也没啥长进，老了又赖着不死，可以谓贼矣！"用杖轻击其胫。

14.44　阙党童子①

【原文】

阙党童子将命。或问之曰："益者与？"子曰："吾见其居于位也，见其与先生并行也。非求益者也，欲速成者也。"

【注释】

① 阙党童子：阙党，阙里之党。童子，指未冠者。将命，指给孔子传宾主之辞。由于其举止无让，令孔门弟子们质疑，孔子也对其行为表示不认同。

【翻译】

阙里有童子，向孔子传宾主之辞令。有人问："他求上进吗？"孔子说："我见他，坐不居其隅，走与先生并行。此非求上进，而是欲速成。"

第十五篇　卫灵公

【题解】

　　本篇内容42章，篇幅仅次于上篇，主题也与上篇相近，但也不尽相同。上篇主要记述孔子对读书人做人之得失的评点，既针对当下的读书人，也评点历史上的读书人，乃至一些著名的历史人物。而本篇也记述孔子对读书人德修的看法，但重点已不再是对做人成败得失的点评，而主要是对读书人做人原则发表看法。这些原则既包含读书人交往和思想交流的原则，也包含人们记述历史、对历史事件与人物进行审判所必须坚守的原则。所以本篇内容，可以看作是对上篇话题与内容的深化，本篇题目取为"士德"较为合适。

　　关于做人原则，本篇之首章为我们记述了孔子"闻陈辄辞"的故事，事情发生在鲁定公十三年，孔子第一次居卫。由于孔子曾为鲁国上卿（大司寇），所以卫灵公十分礼遇孔子。但卫灵公并没有重用孔子的打算，孔子可能也表示了些许不满。于是卫灵公借"问陈"，即询问领兵打仗，向孔子传达"弃用"的政治信号。孔子也很识趣，次日动身离开。孔子在维护尊严方面，为读书人做了很好的示范。士渴望建功立业的机会，但它必须建立在尊严的基础之上，这便是做人原则。次章记孔子与弟子在陈遇困绝粮的故事，在一片哀怨与沮丧的情绪中，孔子提出了著名的"君子固穷"论，即要求读书人在遭遇坎坷的逆境中，要学会坚守，要不放纵自己，不突破做人的底线，这同样是做人原则。

　　关于做人原则，孔子教导子张要"言忠信，行笃敬"，此六字要牢记不忘，而子张甚至把它书写在自己的腰带上；孔子又教导君子要"义以为质，礼以行之，孙以出之，信以成之"，这便是孔子为读书人所规定的做人原则；孔子还为君子规定"矜而不争，群而不党"的原则、"谋道不谋食，忧道不忧贫"的原则等等。而孔子为士君子确立的做人最高原则，是"杀身成仁"，他要求志士仁人，要以成圣为理想，面崇高而生，要活得非同凡响。或成就奇迹般勋业，或以孤标傲立于世。但无论如何，理想不可弃，气节不可丢，尊严不可失，不惜以命相拼，用命诠仁。这里孔子用对生命的透彻感悟，书写儒者气概。

孔子为士君子确立的另一原则，是对道的信仰。孔子说："朝闻道，夕死可矣！"就是要求读书人把自己的精神生命，安顿在"闻道"的人生旅途中。在这里闻道与追求成圣、成仁，具有相同的精神高度，一方面只有人才能够成为"道"的阐释者与弘扬者；反过来，士君子又只能通过道的涵养、规范和引导，才不至于迷失人生的方向。如此说来，华夏民族的士君子群体，便是以道为信仰纽带而结成的共同体。所以孔子说："道不同，不相为谋"，要求士君子以道为平台，实现思想的交流和事业的谋划；同时也以道为评价思想对错好坏的终极尺度，这样"当仁"与"近道"的思想，便获得"思想正当"的话语权，于是孔子又说"当仁不让于师"。从某种意义上讲，孔子的"当仁不让"原则，与亚里士多德的"吾爱吾师，但更爱真理"原则遥相呼应，成就了东西方两大文明体系的文化进步。

关于历史，孔子为读书人确立的原则，分别体现在"史直如矢""谁毁谁誉""史之阙文"三章之内。其中"谁毁谁誉"章，孔子不仅高举起了历史审判的大旗，而且为读书人进行历史审判确立的原则是"直道而行"，即臧否评鉴历史的根本依据是道义，任何私愤的宣泄和权力意志的表达，都是对道义与人类良知的亵渎！孔子进一步确认：中华民族依据道义和良知来进行历史审判的传统，直接源于"三代"，是斯民创造优美人文环境及辉煌灿烂文明遗产的根本动力。

"史直如矢"章孔子称赞两人，除卫君子蘧伯玉外，便是史鱼。而史鱼何人？不见史料记载。其被赞"直如矢"，让我们想到春秋之齐太史与晋史董狐，在"崔杼弑齐庄公"血案发生后，齐太史及其家人所表现的英勇无畏和前赴后继，让人肃然起敬。而晋史董狐，在"赵盾弑君"案发生后，秉笔直书所表现出的勇气与智谋，同样也令人敬佩不已。作为世袭的职业史官，无论是齐太史、晋董狐，还是孔子提到而我们不熟悉其事迹的史鱼，他们却同有一个令人骄傲的品质，那就是"直如矢"，即豁上身家性命来捍卫历史记录的真实性，并勇敢地面对强权的血腥与傲慢，视死如归地来捍卫历史的尊严。

"史之阙文"章则是要求读书人对历史真实表示出敬畏与尊重。如前文所述，史官们要承载着用家族的集体生命为代价，来捍卫历史史料真实性的历史责任。对于没拿到确凿证据的历史片段，史官宁愿留下"阙文"之空白，也不敢发挥武断想象，即通过杜撰历史材料，把空白给填补起来。这就是"史之阙文"的精神，也是古老中华文明的最优秀部分。孔子所谓"今则亡矣夫"的，正是人们对历史真实的敬畏感。任何权贵都愿意与知识合谋，并利用手中的话语权来任意裁剪和打扮历史。而被权力意志强奸的历史，形同娼妓！

就《论语》的文本结构看：其主题乃是从"学而"篇始，以"士德"篇终。"学而"提出读书人为学之目标是"做君子"，乃为破题之篇，而"士德"篇则以读书人的行为规范之原则作结。主题鲜明而完整，内容生动而鲜活。其构思之严整，选材之精当，都无愧为华夏民族的经典之经典的无上盛誉。

15.1 闻陈辄辞

【原文】

卫灵公问陈于孔子。孔子对曰:"俎豆之事①,则尝闻之矣;军旅之事,未之学也。"明日遂行。

【注释】

① 俎豆之事:祭祀礼仪。

【翻译】

卫灵公问军旅于孔子,孔子说:"俎豆礼仪,我略知晓。打仗用兵,我未曾学。"次日遂离开卫国。

15.2 君子固穷①

【原文】

在陈绝粮,从者病,莫能兴。子路愠见,曰:"君子亦有穷乎?"子曰:"君子固穷,小人穷斯滥矣。"

【注释】

① 君子固穷：本章所记，当发生于鲁哀公三年，孔子与其弟子们，一路由卫至陈，经历了千辛万苦，来到陈地时，不仅已疲惫不堪，而且也钱尽粮绝。

【翻译】

行至陈地，钱尽粮无，从者病倒，窘困扫兴。子路忧虑而见孔子，说："君子也能如此窘吗？"孔子说："君子有窘而难迫，小人有窘而放纵。"

15.3 一以贯之

【原文】

子曰："赐也，女以予为多学而识之者与？"对曰："然，非与？"曰："非也，予一以贯之①。"

【注释】

① 一以贯之：本章孔子与子贡对话的主题是：人的洞识，即超于常人的见解，来源于哪儿？子贡以为：孔子的洞识，来源于其勤学而多思。但孔子告诉子贡，因为我有"一以贯之"的道，即不同于常人的看待事物的眼光，以及由此决定的思考问题的方法。是眼光的深度，决定做人的高度。

【翻译】

孔子说："子贡，你以为我由于勤学而有识吗？"答："是啊，难道不是？"说："不是啊，我的思想，由道贯之。"

15.4 知德者鲜①

【原文】

子曰:"由,知德者,鲜矣!"

【注释】

① 知德者:德是中华民族的一个古老观念,西方哲人也把核心观念称为范畴。周人有"德配天命"思想,就是用德的范畴来与"天命"范畴相匹配。孔子让德配君子,并要求所有读书人,都应该有德。但对士人配德的深意,鲜有人能够真正理解,所以孔子才发出本章之感叹。

【翻译】

孔子说:"子路,晓德深意者,鲜见啊!"

15.5 其舜也与①

【原文】

子曰:"无为而治者,其舜也与?夫何为哉?恭己正南面而已矣!"

【注释】

① 其舜也与：问题在于：尸位素餐，天下是否能够得治？孔子显然认为，不能。所以才需要尧、舜、禹、汤、文王、周公。本章显然是针对老子"无为而治"思想的，老子认为：有为之君对民的生活干预太多；而孔子认为：君王不作为，天下如何能治？

【翻译】

孔子说："无为若能天下治，舜何乐不为？干吗要为？恭敬坐在王位上多好！"

15.6　书之于绅

【原文】

子张问行。子曰："言忠信，行笃敬，虽蛮貊之邦行矣。言不忠信，行不笃敬，虽州里行乎哉？立则见其参于前也，在舆则见其倚于衡也，夫然后行。"子张书诸绅。

【翻译】

子张问行，孔子说："言忠信，行笃敬，虽至蛮貊，不必担心。言无诚信，行无笃敬，虽行州里，亦无保证。要切记为铭，立若现眼前，乘车倚于后。然后方可行于天下。"子张将六字记于腰带。

15.7　史直如矢

【原文】

子曰："直哉史鱼！邦有道，如矢；邦无道，如矢。君子哉蘧伯玉！邦有道，则仕；邦无道，则可卷而怀之。"

【翻译】

孔子说："直者史鱼！邦有道，耿直如矢；邦无道，耿直如矢。君子者蘧伯玉！邦有道，则仕；邦无道，则能避争而怀道。"

15.8　使言以时①

【原文】

子曰："可与言而不与之言，失人；不可与言而与之言，失言。知者不失人，亦不失言。"

【注释】

① 使言以时：言语是人们交际的工具，也是造成伤害、误解与冲突的主要载体。所以孔子说：聪明的人会慎用语言，既不会当言不言而失人，也不会不当言多嘴而失言。

【翻译】

孔子说："当言不言，失朋友；不当言而言，伤友情。聪明者，既不会失朋友，也不会伤友情。"

15.9　杀身成仁

【原文】

子曰："志士仁人，无求生以害仁，有杀身以成仁。"

【翻译】

孔子说："志士仁人，岂能偷生以贼仁，只能舍命来诠释仁。"

15.10　先利其器

【原文】

子贡问为仁。子曰："工欲善其事，必先利其器①。居是邦也，事其大夫之贤者，友其士之仁者。"

【注释】

① 先利其器：指先培养行仁之利器，即让仁之良知与灵明昭显。

【翻译】

子贡问为仁，孔子说："工欲成良匠，必先备利器。然后居国，择大夫之贤者而事，与士人之仁者为友。"

15.11　回问为邦^①

【原文】

颜渊问为邦。子曰："行夏之时，乘殷之辂，服周之冕，乐则《韶》舞。放郑声，远佞人，郑声淫，佞人殆。"

【注释】

① 回问为邦：颜渊与孔子讨论邦国文化建设，孔子认为：文化建设，必须有选择地继承传统。历史上好的东西，无论属于哪个朝代，都应该无条件地继承。当然继承传统，也需要有理解与欣赏传统的眼光，对文化传统的自信，肯定是必不可少的。

【翻译】

颜渊问为邦，孔子说："行夏之历法，承殷乘车之规范，继周服冠之仪规。乐舞以《韶》为中，逐郑声，远奸佞。因郑声轻浮，佞人危殆。"

15.12　远虑少忧^①

【原文】

子曰："人无远虑，必有近忧。"

【注释】

① 远虑少忧：因为危机往往在平安中孕育，所以平安时如无应对危机的准备，一旦危机袭来，就可能手忙脚乱，应对失据，酿成大的灾难。所以孔子认为：无危机意识的人，最为堪忧。

【翻译】

孔子说："筹谋思不远，祸患在眼前。"

15.13　子曰已矣

【原文】

子曰："已矣乎^①！吾未见好德如好色者也。"

【注释】

① 已矣乎：孔子此次谈话，发生在他初次居卫不久。司马迁的解读是：

孔子居卫月余，灵公与夫人南子同车，使孔子为次乘，招摇过市，于是孔子做如斯感叹。

【翻译】

孔子说："没救了！像珍爱美色那样珍惜美德之人，我没见到。"

15.14　窃位者与①

【原文】

子曰："臧文仲其窃位者与！知柳下惠之贤而不与立也。"

【注释】

① 窃位者与：臧文仲，鲁国专权大夫，曾任庄、闵、僖、文四代鲁君之执政大臣。由于执政时间太长，故贪恋权位，正由于臧文仲未及时让贤，使得柳下惠等鲁国贤人无施展其才华的机会，把人才给浪费了。

【翻译】

孔子说："臧文仲岂不为窃取权位者？明知柳下惠贤而不让位。"

15.15　何以远怨

【原文】

子曰："躬自厚而薄责于人，则远怨矣。"

【翻译】

孔子说："自我批评深切，责备他人寡淡，定可远离怨恨。"

15.16　未如之何

【原文】

子曰："不曰'如之何，如之何'者，吾未如之何①也已矣。"

【注释】

① 未如之何：不善于动脑子想办法，去解决问题的人，不仅是思想上的懒汉，更是行动上的懒汉。孔子说：遇上这样的学生，我将不知该怎么办。

【翻译】

孔子说："不习惯问'怎么办，怎么办'者，我则不知该怎么办了。"

15.17 斯难以哉

【原文】

子曰："群居终日，言不及义，好行小惠，难矣哉①！"

【注释】

① 难矣哉：孔子"群居终日，言不及义，好行小惠"的描述，让我联想到前些年的中国学术，一群自命为学者的饕餮者，打着学术研究的旗号，到处招摇撞骗，骗取研究资助，生产出难以计数的文字垃圾，还为这些文字垃圾的署名先后，争得不可开交。这种学术生态近些年有了些改变，但离做真学问的真学术境界，距离尚远！

【翻译】

孔子说："终日无聊群聚，说话全不靠谱，苟且营利互惠。难能有救！"

15.18 斯君子哉①

【原文】

子曰："君子义以为质，礼以行之，孙以出之，信以成之。君子哉！"

【注释】

① 斯君子哉：本章孔子从内外兼修的角度来论君子，君子须内修道义、诚信等人格特质，外修让言谈、举止皆合于礼仪，给人以美的人格印象。只有让人格的特质美与给人们留下的印象美实现完美结合，君子的人格完美才能够真正炼成。

【翻译】

孔子说："君子以道义为品质，以礼规范举止，言谈谦和温逊，做事诚而有信。如斯则君子！"

15.19　病无能焉①

【原文】

子曰："君子病无能焉，不病人之不己知也。"

【注释】

① 病无能焉：本章立意与 14.30 章同，差别在本章论君子所患，前章论人之所患。其"人"同样是学做君子之人，故立意并无差别。

【翻译】

孔子说："君子惧己之无能，不该为未名忧虑。"

15.20　疾名不称[①]

【原文】

子曰："君子疾没世而名不称焉。"

【注释】

① 疾名不称：君子渴望成名，疾患无名，但更应疾患的，则是徒有虚名。如某人终其一生，享受着由虚名带给自己的光环，小人可能会感到庆幸，并乐此不疲，但君子则会终生生活在惴惴不安的惶恐中，这种由于良心不安而带来的恐惧，对君子来说，是生命不可承受之重。

【翻译】

孔子说："君子最疾患者，莫过于终其一生，徒有虚名。"

15.21　君子求己

【原文】

子曰："君子求诸己，小人求诸人。"

【翻译】

孔子说："君子立志靠自己，小人立志须求人。"

15.22　群而不党①

【原文】

子曰："君子矜而不争，群而不党。"

【注释】

① 群而不党：孔子教导，君子对家长里短的争，应该保持超脱，即"矜"。不超脱无以为君子。对邻里及周边的人，虽不参与其争，但又必须合群，离群而孤芳自赏，并非君子所为。而合群又不意味着结伙，拉帮结派也绝不是君子之所为。

【翻译】

孔子说："君子超脱俗争，合群而不结党。"

15.23　君子察言

【原文】

子曰："君子不以言举人，不以人废言。"

【翻译】

孔子说："君子不闻言举人，亦不因人废言。"

15.24　岂不恕乎

【原文】

子贡问曰："有一言可以终身行之者乎？"子曰："其恕乎？己所不欲，勿施于人。"

【翻译】

子贡问："有可终身遵行之言吗？"孔子说："岂不是恕乎？自己不愿接受，切勿强迫于他人。"

15.25　谁毁谁誉

【原文】

子曰："吾之于人也，谁毁谁誉？如有所誉者，其有所试矣。斯民也三代，之所以直道而行也。"

【翻译】

孔子说："我对人物的评价，贬斥了谁，又褒扬了谁呢？如有褒扬，也是以道义为依据。此民俗，源于三代，直道而行，至今不衰。"

15.26　史之阙文

【原文】

子曰："吾犹及史之阙文也。有马者借人乘之，今亡矣夫！"

【翻译】

孔子说："史之阙文余绪，我尚能及。它如良马借人使役，其美好已让人感觉不到！"

15.27　巧言乱德①

【原文】

子曰："巧言乱德。小不忍则乱大谋。"

【注释】

① 巧言乱德：《诗经·小雅》有"巧言"篇，主题是讽刺奸佞小人。其中有诗句说："巧言如簧，颜之厚也。"讽刺心术不正又能言善辩者，口舌如簧，厚颜无耻，专门干挑拨离间、搬弄是非之坏事，进而败坏了整个政坛德行。后面孔子教导：能成大事者，必有大谋。无大谋者难成事，有大谋而无

忍之气量，同样也难成事。

【翻译】

孔子说："巧言足以败德，小事不能忍，大谋必难成。"

15.28　君子必察

【原文】

子曰："众恶之，必察焉；众好之，必察焉。"

【翻译】

孔子说："众人皆厌恶，君子必体察；众人皆称赞，君子必体察。"

15.29　人能弘道①

【原文】

子曰："人能弘道，非道弘人。"

【注释】

① 人能弘道：孔子看来，道只可能供人信仰，但决不允许被人占有。那些声称自己得道并拥有道的人，都是自我迷恋的狂妄。道不仅不可言说，

更是无法声称拥有，没有人能够通过对道的觊觎而扬名。

【翻译】

孔子说："道须靠人弘扬，人难倚道扬名。"

15.30　不改谓过①

【原文】

子曰："过而不改，是谓过矣。"

【注释】

① 不改谓过：老子说，只有害怕犯错的人，才能够不犯或少犯错误。孔子反过来说，只有知道自己犯错，却又不愿认错，更不愿改错的人，才是真正错到不可救药。

【翻译】

孔子说："知错而不思改，可谓是真错矣。"

15.31　思不如学①

【原文】

子曰：“吾尝终日不食，终夜不寝，以思，无益，不如学也。”

【注释】

① 思不如学：本章孔子谈学思关系。这里的学，指的是对生活的领悟，是一种灵动之思。而这里的所谓思，则指一种冥思，一种呆板的治学方法。笨拙地废寝忘食，只是一种致思，而不是致学。致学之思，不失轻盈灵动，可得灵感于天地田园之间。废寝忘食，则陷于冥想，失却灵动，岂有灵感？

【翻译】

孔子说：“我曾尝试，废食终日，废寝终夜，以苦思冥想。后觉不妥，尚不如灵动以致学。”

15.32　君子谋道①

【原文】

子曰：“君子谋道不谋食。耕也，馁在其中矣。学也，禄在其中矣。君子忧道不忧贫。”

【注释】

① 君子谋道：孔子认为，正常社会，不会让精英成天为衣食操心，所以君子只该忧道，而不该为生活烦恼。年轻人，应该致力于学，而不是致力于耕。耕种技术再好，也未必能不挨饿；而致力于学，就有可能通过食禄而改变命运。

【翻译】

孔子说："君子谋道，未敢谋食。习耕，饥饿或不可免；求学，俸禄或在其中。君子恐失道，不恐有贫。"

15.33　君子得位①

【原文】

子曰："知及之，仁不能守之，虽得之，必失之。知及之，仁能守之，不庄以莅之，则民不敬。知及之，仁能守之，庄以莅之，动之不以礼，未善也。"

【注释】

① 君子得位：孔子建议士人不仅要修人格完美，而在完成了德修后，有君子之美名的士人，还应该谋取君子之位，即在政治舞台上，找到属于自己的岗位。孔子认为：君子谋位需具备四方面的条件，一是智慧，即能力；二是品德，即仁心；三是威信，能使民敬畏；四是守礼，即懂规矩。

【翻译】

孔子说："有能力，仁不能恒，得君子位，守则难。智慧够，仁能恒，临民不庄，得君子位，民则不敬。有智慧，仁能守，临民庄，行为不循礼，仍未尽善。"

15.34　君子大受

【原文】

子曰："君子不可小知，而可大受①也。小人不可大受，而可小知也。"

【注释】

① 大受：孔子以为，鉴别君子与小人的最好办法，看他紧要关头的表现。君子在紧要的时候，能够挺身而出，去担负重大使命。但小人却相反，寻常时总爱显摆自己的能耐，但到真正的关键时刻，就会临阵退缩做孬种。

【翻译】

孔子说："君子不要小聪明，但可临危受命。小人临危则胆怯，平时爱耍小聪明。"

15.35　未见蹈仁①

【原文】

子曰："民之于仁也，甚于水火。水火吾见蹈而死者矣，未见蹈仁而死者也。"

【注释】

① 未见蹈仁：孔子说，民对仁政的渴望，比渴望火的温暖、水的滋润，还要强烈。但令人失望的是，民可以为获取温饱与滋润，不惜英勇赴死。但他们不理解"好的统治"的意义，更不愿意为"好的统治"而慷慨赴死。

【翻译】

孔子说："民渴望仁政，甚于水火。民为求水火而赴死我常见，却未见为求仁而赴死者。"

15.36　当仁不让①

【原文】

子曰："当仁不让于师。"

【注释】

① 当仁不让：所谓"当仁"，即近道。谁的思想与看法更接近于道，他的思想与看法就更值得尊重与接受。在"当仁"的平台上，师生是平等的，当学生与老师的看法分歧，学生没有理由放弃，而应该用"当仁"的标准，来比较观点之优劣，并尊重和选择"当仁"。也就是说，在道的精神平台上，老师没有话语的优先权。

【翻译】

孔子说："当仁近道，不遑让师。"

15.37　贞而不谅

【原文】

子曰："君子贞而不谅①。"

【注释】

① 贞而不谅：贞者，正也。君子之正，主要是指坚持做人之正道。不谅，指不拘守，有定见而不从众，便是那种知大义的不拘守。能够穿透常识的遮蔽，不为公众的舆论所绑架，才能够真正做到不拘守而身正。

【翻译】

孔子说："君子身正，不拘俗议。"

15.38　事君以敬①

【原文】

子曰："事君，敬其事而后其食。"

【注释】

① 事君以敬：广义上讲，与领导打交道，都可以看作事君。孔子教导：

与领导相处，要有敬畏，首先懂得尊重领导的权威，领导交给你的事，要尽心尽力地做好。切记做事莫跟领导讲价钱，这样会让你在领导心中一文不值！

【翻译】

孔子说："事君，尽力做事，莫虑报酬。"

15.39　有教无类①

【原文】

子曰："有教无类。"

【注释】

① 有教无类：孔子之前的中国教育，通常为官家教育。孔子破天荒地提出"有教无类"的原则，将接受教育的权利授予了平民子弟，为中国教育的民间化开辟了道路。在民族的文明史上，孔子的行为具有划时代意义，也促进了人类的文明进步。

【翻译】

孔子说："接受教育之权利，人人应天赋平等地享有。"

15.40 相谋于道[①]

【原文】

子曰:"道不同,不相为谋。"

【注释】

① 相谋于道:在生活中,持有不同生活信念者,由于没有共同语言,而无法共事。而对道的信仰,则是人们生活信念的基础,或者说:对道的信仰,就是对生活的信仰。本章孔子说:信仰不同,信念差异,使人们的思想交流困难,共谋事业也几乎不可能。在孔子话语背后,预设了:道所成就的信仰或信念,是人们进行对话、交流思想、共谋事业的最重要精神平台。

【翻译】

孔子说:"信仰不同,信念各异,无法一道共商共谋以成事。"

15.41 辞达而已[①]

【原文】

子曰:"辞,达而已矣。"

【注释】

① 辞达而已：孔子认为，辞或语言，不过是表达思想的工具。只要能够达意，让对方理解就可以了，执着于词语表达，没有必要。

【翻译】

孔子说："词语，达意就好。"

15.42 相师之道①

【原文】

师冕见，及阶，子曰："阶也。"及席，子曰："席也。"皆坐，子告之曰："某在斯，某在斯。"师冕出，子张问曰："与师言之道与？"子曰："然，固相师之道也。"

【注释】

① 相师之道：晚年孔子声誉甚隆，但对于一个曾经对自己有过教益的盲眼之乐师——师冕的求见，孔子不仅接待得热情周到，而且对师冕礼遇有加。他在用行为向弟子诠释，何为相师之道，即尊德敬师的行为原则。

【翻译】

孔子见师冕，遇阶，提醒："上台阶。"及席，说："请入席。"皆入座，孔子说："某在此，某在此。"送走师冕，子张问："合乎您所言之道吗？"孔子说："当然，仅演绎奉道尊师而已。"

第十六篇　季　氏

【题解】

本篇作为补遗之首篇，篇幅仅14章，主题似乎在讨论"世道"，因为前3章及11、12章都似明或暗地讨论此问题。但可能是史料不足的缘故，中间又插入6章论君子话题的内容，并且在内容编排上让这些论君子的话题与数字三有趣地相关联。本篇题目建议为"世道"。

所谓"世道"乃人心对社会公平正义现状的感知与感受，如果社会的灵明良知昭显，人们必能感受到社会的公平正义，这时人们对世道感受是舒适或可接受、可认可。但若社会的灵明良知被黑恶势力遮蔽，便会强梁当道，邪恶横行，社会的弱者与弱小的生命，则处于一种被压迫、压榨、侮辱乃至蹂躏的悲惨与煎熬之中。这时人心的感受便是天下无道，或者说是世风日下。所以在某种意义上，世道不仅与人心的感受相联系，同时也与天道的存废隐显相关联着。

本篇首章所记"季氏将伐颛臾"的事件，便是世道下行的一个标志性事件。孔子针对该事件所发表的看法，表达了他心中评价世道的内在标准，这就是：邦国之患，不患寡而患不均，不患贫而患不安。因为对公平正义的渴望，是人心灵的本质属性。所以只要让民众能够感受到并认同社会是公平的，即使贫穷一点，他们依然可以忍受；同样对安全的渴望，也是人心灵的本质属性，只要让民众感受到安全有保障，即使贫穷点他们同样会感受到幸福，所以中国民间的最大心理认同是：平安是福！其实，民心对公平与安全的直接感受与测度，是评价社会系统生态是否文明——即世道的根本依据。

　　本篇次章孔子找到一个测度世道冷暖的指标，即看"礼乐征伐"由何层级发起。西周时代，周天子拥有足够的政治权威，可以号令天下。各诸侯国的册命，由周天子颁定。对不合于礼制的诸侯行为之讨伐，也须由周天子来发布命令，这时是孔子心目中"天下有道"的时代；而当"礼乐征伐"出自诸侯，周天子式微，诸侯们各自凭借其权势，来争夺发布"礼乐征伐"之号令，于是天下就开始进入了它的无道时代。孔子发现：世道的兴衰，与天道的存废密切相关。天下有道，天下之势由衰至兴，则为盛世；天道即隐，天下之势则由兴转衰，即为末世。孔子的感觉是：自西周以降，天下之大势，始终是由盛渐衰。进入春秋，衰势加剧。到孔子之世，天下已进入末世。接下来的一章，孔子以鲁国为例，来佐证其"天下进入末世"判断的正确性。

　　本篇的插入章，大部分是对《论语》主题内容的补充，其中"君子三戒""君子三畏"两章，记录了孔子比较重要的人生感悟：孔子在"君子三戒"章教导学做君子的读书人，年少之时，血气未定，自律性差，青春萌动，易沉迷于爱情。爱情虽美好，若沉溺于其中，而不知节制，就有浪费青春之虞，一年之计在于春，而人生最紧要处，也在年轻的时候。壮年时节，血气方刚，总不服输，爱与人较劲。这种劲头，用于事业与工作，尚称可取。如在不恰当场合较劲，恐怕会出大问题。无论与人斗力或斗智，都同样不可取。老年者，日暮乡关，进入人生的收获时节。通过一生耕耘，现已或儿女绕膝，或名满天下。于是便进入了财富、名誉和情感的丰收季节。面对着名利与情感，老年人最忌讳的，就是贪得无厌。老年时，爱财者会蜕变成吝啬的守财奴；爱名者会蜕变为矫情的伪君子；贪情者也会因为"没爱够"，而做出许多荒唐事来；老人还容易贪恋权位，进而蜕变为臧文仲之类的"窃位者"。这样一些"贪得"之老者，都最终会毁掉他们最为珍视的名节。

　　而"君子三畏"章孔子告诫：读书人需要培养敬畏之心，其敬畏对象主要有三，即畏天命、畏大人、畏圣人之言。何谓"天命"？孟子曰："莫之为而为者，天也；莫之致而至者，命也。"这里的天与命，都是一种异在于人，而又能够支配着人的外在力量。孔子主张君子应该主动去领悟进而感知这种力量，故孔子曰："不知命，无以为君子也。"又说自己"五十而知天命"。但孔子所主张的"知命"，是建立在敬畏天命的基础之上的，所以畏命是知命的前提。所谓"大人"，即已经被社会公认的人物。在对待大人物的问题上，孔子与孟子性格完全相反，孟子主张："说大人则藐之，勿视其巍巍然。"而孔子则认为应该对其表示出足够的敬畏。当然敬畏未必等于崇拜，但要有足够的尊重。"圣人之言"，既然能够经受时间的淘沥而存留下来，就一定有其值得珍视的价值。所以读者应心存敬畏，任何以亵渎的方式误读、曲解甚至歪批，都是不能够被允许的。

16.1　邦国之患

【原文】

季氏将伐颛臾①。冉有、季路见于孔子，曰："季氏将有事于颛臾。"孔子曰："求！无乃尔是过与？夫颛臾，昔者先王以为东蒙②主，且在邦域之中矣，是社稷之臣也。何以伐为？"冉有曰："夫子欲之，吾二臣者皆不欲也。"孔子曰："求！周任③有言曰：'陈力就列，不能者止。'危而不持，颠而不扶，则将焉用彼相矣？且尔言过矣，虎兕出于柙，龟玉毁椟中，是谁之过与？"冉有曰："今夫颛臾，固而近于费④。今不取，后世必为子孙忧。"孔子曰："求！君子疾夫舍曰欲之，而必为之辞。丘也闻有国有家者，不患寡而患不均，不患贫而患不安。盖均无贫，和无寡，安无倾。夫如是，故远人不服，则修文德以来之。既来之，则安之。今由与求也，相夫子，远人不服而不能来也，邦分崩离析而不能守也，而谋动干戈于邦内。吾恐季孙之忧，不在于颛臾，而在萧墙⑤之内也。"

【注释】

① 颛臾：为风姓古国，位于今山东平邑县东。
② 东蒙：蒙山，今蒙阴南。
③ 周任：传为古之良史。
④ 费：为季氏封地，今费县。
⑤ 萧墙：宫墙。

【翻译】

季康子将伐颛臾。冉有、子路见孔子说："季氏将兴兵于颛臾。"孔子说："冉求，不应该责备你吗？颛臾，先君曾授权它主持蒙山祭祀，况其国境早在鲁中，是鲁国存亡与共的藩属，为何要伐？"冉有说："季氏要伐，我二人皆不想。"孔子说："冉求，周任有名言：'能贡献才能，就担任官职，否则就辞职。'盲人遇险，将倾而不扶，旁观心何忍？且你话有错，虎兕跑出笼子，龟玉毁在盒中，这谁之错？"冉有说："今颛臾，城墙坚固，离费又近，现不夺取，或贻害子孙。"孔子说："冉求，君子最忌口是心非。我听说：持家治国，不患财富少，而患分不均，不患人贫困，而患不安定。大概均分了就不显贫穷，和睦了就不计较多少，安定了就没有危险。远方的人如果不服，用仁政招徕；既来了，使其安居而心定。现你们辅佐季氏，远人不服而未招徕，家国分崩离析却难保全，又谋划动干戈于境内。我觉着，季氏用兵的目的，根本不在颛臾，而是在向鲁君示威呢。"

16.2　礼乐征伐

【原文】

孔子曰："天下有道，则礼乐征伐自天子出。天下无道，则礼乐征伐自诸侯出。自诸侯出，盖十世希不失矣。自大夫出，五世希不失矣。陪臣执国命，三世希不失矣。天下有道，则政不在大夫。天下有道，则庶人不议。"

【翻译】

孔子说："天下有道，礼乐征伐皆出自天子。天下无道，礼乐征伐则出自诸侯。礼乐出自诸侯，三百年难有不失。出自大夫，难延续五世。家臣执国命，盖难逾百年。天下有道，政令不出自大夫。天下有道，庶民对政，有赞无议。"

16.3　禄去公室^①

【原文】

孔子曰："禄之去公室，五世矣。政逮于大夫，四世矣。故夫三桓之子孙微矣。"

【注释】

① 禄去公室：本章谈话时间当在孔子周游列国前，即鲁定公十三年之前。孔子指出：鲁国颁授俸禄的权力，由公室旁落于季氏，已经历宣公、成公、襄公、昭公、定公五代了；而季氏把持鲁国朝政，也已经历文子、武子、平子、桓子四代。这种状况，当不会持续太久，"三桓"后代的衰落，也将是不可避免的。

【翻译】

孔子说："鲁公室失颁禄之权，已历五代。执政权旁落于大夫，也历四代。'三桓'子孙之衰，势所必然。"

16.4　益损三友

【原文】

孔子曰："益者三友，损者三友。友直，友谅，友多闻，益矣。友便辟，友善柔，友便佞，损矣。"

【翻译】

孔子说："交而有益者三类，交而有损者三类。友于耿直，友于诚信，友于博闻，受益；友于阿谀，友于无原则，友于自吹自擂，受损。"

16.5　损益三乐

【原文】

孔子曰："益者三乐，损者三乐。乐节礼乐，乐道人之善，乐多贤友，益矣。乐骄乐，乐佚游，乐宴乐，损矣。"

【翻译】

孔子说："爱好，三种有益，三种有损。爱礼乐有节，爱道人长处，爱与贤者为友，有益；爱骄奢淫逸，爱游手好闲，爱醉生梦死，有损。"

16.6　君子三愆

【原文】

孔子曰："侍于君子有三愆①：言未及之而言，谓之躁；言及之而不言，谓之隐；未见颜色而言，谓之瞽。"

【注释】

① 三愆：三种过失，即躁、隐、瞽。躁指进言不计时，欠火候之虑；隐指当言而未言，隐瞒观点，欠真诚；瞽指进言没眼色，令朋友难堪。

【翻译】

孔子说："与君子相处，三愆莫犯：进欠火候之言，谓之躁；当提醒而不言，谓之隐；进言没眼色，谓之瞽。"

16.7　君子三戒

【原文】

孔子曰："君子有三戒：少之时，血气未定，戒之在色；及其壮也，血气方刚，戒之在斗；及其老也，血气既衰，戒之在得。"

【翻译】

孔子说:"君子一生三戒:少年时,血气不稳,力戒溺色;中壮年,血气方刚,力戒斗狠;及至老年,血气渐衰,力戒贪得。"

16.8　君子三畏

【原文】

孔子曰:"君子有三畏:畏天命,畏大人,畏圣人之言。小人不知天命而不畏也,狎大人,侮圣人之言。"

【翻译】

孔子说:"君子有三畏:畏天命,畏公众人物,畏至理名言。小人不知天命,亦不敬畏天命,狎侮公众人物,诋毁圣人名言。"

16.9　生民四境①

【原文】

孔子曰:"生而知之者,上也。学而知之者,次也。困而学之,又其次也。困而不学,民斯为下矣。"

【注释】

① 生民四境：孔子把生民分四层境界：生而知之者，属天地境界；学而知之者，为精英境界；困而学之者，为庸众境界，是人群的大多数，为民的主体；困而不学，为民下阶层，属刁顽之类的社会不稳定分子。

【翻译】

孔子说："生而知之者，天地之境。学而知之者，精英之境。困而学之者，庶民之境。困而不学者，刁顽之境。"

16.10　君子九思

【原文】

孔子曰："君子有九思：视思明，听思聪，色思温，貌思恭，言思忠，事思敬，疑思问，忿思难，见得思义。"

【翻译】

孔子说："君子有思者九：察物思明，辨听思兼，颜色思温，体貌思恭，言语思诚，做事思敬，有疑思问，有忿思抑，见利思义。"

16.11　德修者二^①

【原文】

孔子曰："见善如不及，见不善如探汤，吾见其人矣，吾闻其语矣。隐居以求其志，行义以达其道，吾闻其语矣，未见其人也。"

【注释】

① 德修者二：孔子所谓"见善如不及，见不善如探汤"者，是一类修身见于世者，他们把美德作为生活方式，见到美好的德行，就会由衷地羡慕，并"唯恐不及"地向美德看齐；同时，对于恶行则惧之"如探汤"，避之如瘟疫。此类德修者不拒斥现实的公共生活，不侈谈逃离俗世而归隐，他们"穷则独善其身"，出淤泥而不染，在世俗的喧嚣中，保持一分道德的纯洁与心灵的宁静。这就是以孔子、颜回为代表的儒家德修者。另一类德修而隐于世者，他们认为现实太污秽与肮脏，生活于其中心灵难免不受污染。为显示其高洁，他们以归隐山林而明志，并以高踞于世俗之上的方式，用道义来批判现实。老、庄及佛家，便是这种人生态度。

【翻译】

孔子说："见善行唯恐不及，见恶行恐如探汤。我不仅见其人，而且闻其言。避世而明志，义行而达道。我久闻其言，未得见其人。"

16.12 斯之谓与^①

【原文】

齐景公有马千驷，死之日，民无德而称焉。伯夷、叔齐饿于首阳之下，民到今称之。其斯之谓与？

【注释】

① 斯之谓与：本章用齐景公与伯夷、叔齐对举的方式，来讨论人生的价值与意义。齐景公生前"有马千驷"，拥有一个幅员广大的诸侯国，并且他在位五十八年，在位时间之长，拥有财富之多，都是伯夷、叔齐所无法比拟的。但齐景公一生，却没做什么令人称道的事情。所以当他死的时候，没有民众真正怀念他。相反，伯夷与叔齐虽所在的孤竹国，是一个幅员极小的国度，两兄弟由于让王，也没有真正成为国君。他们饿死于首阳山下时，已十分穷困潦倒。但他们精神富有，所表现出来的生命气节，受后世永久景仰。

【翻译】

齐景公有良马千乘，临终日，也得不到民的称颂。伯夷、叔齐，饿死于首阳山下，可民称颂至今。此有何意味？

16.13　问一得三

【原文】

陈亢问于伯鱼①曰："子亦有异闻乎？"对曰："未也。尝独立，鲤趋而过庭。曰：'学诗乎？'对曰：'未也。'曰：'不学诗，无以言。'鲤退而学诗。他日，又独立，鲤趋而过庭。曰：'学礼乎？'对曰：'未也。''不学礼，无以立。'鲤退而学礼，闻斯二者。"陈亢退喜曰："问一得三，闻诗，闻礼，又闻君子之远其子也。"

【注释】

① 伯鱼：即孔子儿子孔鲤。本章记子贡弟子陈亢，即陈子禽问于孔鲤，夫子教子，是否与教弟子有异？孔鲤的回答，让陈亢感叹：君子教人与教子，无任何不同！

【翻译】

陈亢问孔鲤："老师是否有心法，独授于你？"孔鲤回答说："没啊。早先他立于庭院，我快步而过。他问：'学诗了没？'我回答：'没呢。'说：'不学诗，无法言语。'我退而读诗。他日，他又独立院中，我经过。问：'学礼了没？'我答：'还没呢。'说：'不学礼，无法做人。'我退而学礼。他所教不过如此。"陈亢返，心情愉快，自语："我问一而得三，不仅懂，须学诗、学礼，而且知君子之教子，与教弟子并无不同。"

16.14　邦君之妻①

【原文】

邦君之妻，君称之曰夫人，夫人自称曰小童，邦人称之曰君夫人，称诸异邦曰寡小君，异邦人称之亦曰君夫人。

【注释】

① 邦君之妻：此章所记，内容突兀，梁启超曾怀疑是无关内容串入。似乎与《论语》主题无关。本章主题是对国君妻子的不同称谓。

【翻译】

国君之妻，君称其夫人，其自称为小童，邦人称其为君夫人，在外邦称其为寡小君，外邦常人也称其为君夫人。

第十七篇　阳　货

【题解】

　　本篇内容杂乱，几乎读不出主题来。鉴于本篇已接近结尾，而后三篇则主题鲜明，可以明白：本篇的"无主题"，恰恰就是主题，即是对各篇主题的一种拾遗补阙，把未能归结入各篇的孔子重要思想，集中编排于本篇，所以篇题建议为"拾遗"。

　　以"补遗"的眼光来读本篇，其遗之补主要分为两个方面：一是实事的补遗，二是思想的补遗。从实事补遗的意义看，本篇首章记述了孔子与阳货的对话，主题是阳货动员孔子参与反对季氏的"叛乱"，孔子没有表示反对与拒绝；而5章记公山弗扰据费而叛，召唤孔子，孔子欲往，子路不悦。7章记佛肸据中牟而叛，欲召孔子，孔子心动，又是子路的反对，让孔子没能成行。本篇集中补记孔子欲参与"叛乱"，究竟想说明什么？仔细想来：不过是想矫正一下儒家关于"君子弗叛"的行为原则。因为像阳虎、公山弗扰叛季氏，以及佛肸叛赵鞅，都有一个反对大夫专权的意义在，孔子同情甚至支持这种反叛，也有一个"曲线张公室"的政治考量，于是这样的"反叛"就并非不合于道义。所以君子不必拘泥于"弗叛"的原则，束缚住自己手脚，而须因时而权变，这才应该是《论语》编撰者们补记这一历史实事的初衷。

　　至于思想的补遗，最重要的莫过于次章对孔子"性相近也，习相远也"思想的补遗。何谓"人性"？不同思想家的理解是不同的。孟子言"性善"，预设人的本性之中，存在良知良能，但它可能被欲望的本能所包裹，所以人的本能，具有发展成现实善的可能性。孔子与孟子，在性善的立意上，略有差别。孟子之"性"，指良知良能本身；而孔子言"性相近"，其所谓"性"，指的是良知被欲望所包裹的状态。由于有些人的良知被欲望包裹得浅，有些人的良知被欲望埋藏得深，所以人在本性上，只是相近，而不完全一样。或者说，孔子言人性，所讲的是人的德性禀赋。在人性的根底处，良知良能的存在，是人性的基础。但欲望对良知的遮蔽有差异，这又决定着人德性禀赋上的差异。人的德性禀赋，就是人性。这种德性禀赋的差异，是天赋的。故《中庸》说："天命之谓性。"禀赋虽有差异，但从良知上看，又相差不远，所以孔子说"性相近也"。人德性禀赋的差异，始终被良知所贯穿，故《中庸》又说："率性之谓道。"此所谓"道"，是指有一条通达"良知"的途径。后天的学习，是向人本性根底的良知良能处的开拓。通过礼仪教化的欲望节制的训练，欲望对良知的埋藏便逐步被发掘，包裹也逐步被打开。我们把发掘良知的过程，称为修道，故《中庸》又说："修道之谓教。"由于人们的德性禀赋不同，再加上后天修道的着力不同，所以后天所习得的德行成就，就差异十分巨大，孟子说：人们后天的德行作为，可以"相倍蓰而无算者"，即相差两倍、五倍乃至无法计算。这就是孔子所说的"习相远也"。

其次，"礼云乐云"章所记思想，对孔子而言亦十分重要。周公约于公元前1000年"制礼作乐"，到孔子生活时代，过去500余年。任何一种制度，经历如此长时期的演变，人文精神不可能不衰落，所以孔子感叹当时的"礼崩乐坏"，即人文精神流失。孔子"以仁释礼"，就是希望能够为古老的中华礼治文明，注入新的人文精神，以图恢复其人文传统。在这里，孔子埋怨世人只肯拘泥于礼的外在形式，而忽视了礼的精神内涵。孔子想提醒人们，礼的精神实质在于敬啊！敬畏天地，敬畏祖先，敬畏长者贤者，敬畏天命，敬畏民意，敬畏灵明良知，尊敬一切值得尊敬之人。用人的一颗博大兼容之心，去敬畏生命，关怀自然，关爱大自然的一切造化。只有人人都拥有这样博大的包容之心，生活才能充满温馨，生命历程才能诗情画意。

其他所补遗文本，思想亦十分重要，不一一赘述。

17.1　对话阳货

【原文】

阳货①欲见孔子，孔子不见，归孔子豚②。孔子时其亡也，而往拜之，遇诸涂。谓孔子曰："来！予与尔言。"曰："怀其宝而迷其邦，可谓仁乎？"曰："不可。""好从事而亟失时，可谓知乎？"曰："不可。""日月逝矣，岁不我与。"孔子曰："诺，吾将仕矣。"

【注释】

①阳货：阳货即阳虎，为鲁季氏家臣。此次阳虎见孔子，当于鲁定公五年，即季平子死，阳虎欲夺季氏的治家权力之时。此时孔子虽声望较高，但并未得鲁定公重用。阳虎想借重孔子声望，伺机夺季氏的家权，乃至鲁国的执政权。

②豚：乳豕，当为熟制之美味，贵重礼物。

【翻译】

阳虎求见孔子，孔子拒绝。阳虎送孔子乳豕，趁孔子不在。孔子回敬阳虎，巧遇途中。阳虎说："来啊！我有话与你说。"说："空怀治国理想，却徒见邦国迷乱，岂可谓仁乎？"孔子答："不可。"问："渴望成功，却屡失良机，岂可谓智乎？"答："不可。"说："时光荏苒，时不我待啊！"孔子说："哦！吾将考虑。"

17.2　性近习远

【原文】

子曰："性相近也，习相远也。"

【翻译】

孔子说："人性根底处区别甚微，学使人德行差距明显。"

17.3　上智下愚①

【原文】

子曰："唯上智与下愚不移。"

【注释】

① 上智下愚：本章孔子讨论社会的基本结构。任何社会，必分上下，上位为官，下位为民。合理结构是：官有睿智，民有纯朴。任何试图颠倒这种结构的做法，都是违背常识、愚蠢的。

【翻译】

孔子说："上睿智而下纯朴，不可改变。"

17.4　焉用牛刀^①

【原文】

子之武城，闻弦歌之声。夫子莞尔而笑曰："割鸡焉用牛刀？"子游对曰："昔者偃也闻诸夫子曰：'君子学道则爱人，小人学道则易使也。'"子曰："二三子，偃之言是也，前言戏之耳。"

【注释】

① 焉用牛刀：子游宰武城，孔子到访，闻弦歌而淡笑。一句"割鸡焉用牛刀？"遂成千古名言。治小非用大器，是孔子莞尔的原因。但因怕泼了子游冷水，孔子尴尬承认：自己不过戏言。这表现了孔子恕己而谅人的君子风范。

【翻译】

孔子游访武城，遥闻弦歌之声。孔子淡然一笑，说："杀鸡岂用牛刀？"子游问："言偃昔日常听老师说：'君子学道则爱人，小人学道则易使。'"孔子说："小子们，偃说甚是。我前面所说，戏言而已。"

17.5 公山氏畔

【原文】

公山弗扰①以费畔，召，子欲往。子路不说，曰："末之也已，何必公山氏之之也？"子曰："夫召我者，而岂徒哉？如有用我者，吾其为东周乎？"

【注释】

① 公山弗扰：疑为《左传》所记之公山不狃。鲁定公五年，季平子卒时。阳虎与公山弗扰同为季氏家臣，阳虎为季氏宰，公山弗扰为季氏费邑宰。据说他也曾参与阳虎废除"三桓"的事变，但得以幸存。此章记"公山弗扰据费而叛"，当发生于阳虎逃晋不久，约为鲁定公九年。此时，孔子未被鲁定公所用，除阳虎外，公山弗扰也欲召孔子，孔子还一度有前往的打算。

【翻译】

公山弗扰据费而叛，召孔子，子欲往。子路不悦，说："没机会算了，何必去公山氏处？"孔子说："我应召，岂能任凭摆布？如能发挥作用，岂不可复兴东方之周朝？"

17.6 君子五美

【原文】

子张问仁于孔子。孔子对曰:"能行五者于天下,为仁矣。""请问之。"曰:"恭,宽,信,敏,惠。恭则不侮,宽则得众,信则人任焉,敏则有功,惠则足以使人。"

【翻译】

子张问仁,孔子说:"能行五美于天下,可以谓仁。""请说详细。""恭、宽、信、敏、惠,敬人之美为恭,恭而无侮;容人之美为宽,宽能容众;言语之美能信,让人放心;行为之美为敏,敏捷易功;使人之美有惠,能尽其才。"

17.7 佛肸叛召

【原文】

佛肸①召,子欲往。子路曰:"昔者由也闻诸夫子曰:'亲于其身为不善者,君子不入也。'佛肸以中牟畔,子之往也,如之何?"子曰:"然,有是言也。不曰坚乎,磨而不磷;不曰白乎,涅而不缁。吾岂匏瓜也哉?焉能系而不食?"

【注释】

① 佛肸：佛肸乃晋赵简子家臣，据中牟而叛。佛肸叛乱发生在孔子居卫期间，由于不得卫灵公重用，此时的孔子处于走与留的徘徊之中，时间约为鲁定公十四年。佛肸叛赵简子，性质与阳货、公山弗扰叛"三桓"相同。

【翻译】

佛肸召，孔子心动。子路说："当年夫子曾教导由：'亲身参与谋划了罪恶的人，君子拒绝接触。'佛肸据中牟叛，您前往，有何说？"孔子说："是啊，我曾说过。但你未听说，真正坚玉，磨而不薄；你未听说，真正皎丝，染而不黑。我现在岂不像葫芦挂于墙上？我岂能甘心作摆设？"

17.8 六言六蔽

【原文】

子曰："由也，女闻六言六蔽矣乎？"对曰："未也。""居！吾语女。""好仁不好学，其蔽也愚；好知不好学，其蔽也荡；好信不好学，其蔽也贼；好直不好学，其蔽也绞；好勇不好学，其蔽也乱；好刚不好学，其蔽也狂。"

【翻译】

孔子说："子路，听过六言六蔽吗？"答："没听过。""坐，我告诉你。"说："好仁不好学，其蔽也伪善；好智不好学，其蔽也空想；好信不好学，其蔽也冥顽；好直不好学，其蔽也难睦；好勇不好学，其蔽则斗狠；好刚不好学，其蔽也狂妄。"

17.9　何莫学诗

【原文】

子曰："小子何莫学夫诗①? 诗可以兴，可以观，可以群，可以怨，迩之事父，远之事君，多识于鸟兽草木之名。"

【注释】

① 何莫学夫诗：孔子倡导读《诗》，本章孔子在向弟子说明读《诗》的理由：首先，能兴、观、群、怨，其中兴是培养艺术想象，观是了解各地风俗，群是培养族群认同，怨是发泄不满而调节情绪；其次能事父、事君，即懂得做人的道理；再次能识字通名，因为《诗》是最早的识字读本，中华象形文字的使用，可以通过《诗》的传播而普及开来。于是天南地北使用不同方言的人们，皆可通过读《诗》而识得汉字。这对中华文化与文明的扩张与辐射，居功至伟。

【翻译】

孔子说："小子干吗不学诗? 诗能促想象，观风俗，合族群，解忧怨。近知孝敬父母，远知事君以忠，更能多认识鸟兽草木之名称。"

17.10 子谓伯鱼

【原文】

子谓伯鱼曰："女为《周南》《召南》①矣乎？人而不为《周南》《召南》，其犹正墙面而立也与！"

【注释】

① 《周南》《召南》：《诗》之十五国风的最前两篇。孔子为何对《周南》《召南》两篇如此重视？估计与这些诗在当时的流行程度有关。周、召二公，为天子辅弼，周、召之封地，也最接近王畿，所以周、召二地流行的诗歌与音乐，当时最受追捧，很快便向南流行，由洛阳而至江汉流域。所以孔子称此二地的诗，不称风而称南。也是由于流行的缘故，孔子才告诉儿子，不读好《周南》和《召南》，做人犹如正墙面而立，无法前行进步。

【翻译】

孔子对伯鱼说："你读《周南》《召南》了没？做人不读《周南》《召南》，好似面墙而立，无法前行进步。"

17.11　礼云乐云

【原文】

子曰："礼云礼云，玉帛云乎哉？乐云乐云，钟鼓云乎哉？"

【翻译】

孔子说："礼啊，礼啊！难道只是奉璧献帛吗？乐啊，乐啊！难道只是击鼓奏磬吗？"

17.12　色厉内荏

【原文】

子曰："色厉内荏，譬诸小人，其犹穿窬之盗①也与？"

【注释】

① 穿窬之盗：窬，捷径、通道。"穿窬之盗"乃是一种窃贼与大盗之间的盗贼，窃贼行窃主要靠隐秘以得手，尽可能隐蔽其行踪，生怕被别人发现；而大盗则是明火执仗的强盗，凭借暴力而明抢，甚至不惧怕有人围观。但"穿窬之盗"既有大盗的放肆，又兼有窃贼的恐惧。敢于公然凿洞穿墙，则表现盗贼们的放肆；同时又不敢从正门暴力进入，显得还是心存顾忌，不

愿让人看见其行径。孔子选择"穿窬之盗"来比喻"色厉内荏"者，可称得上为绝佳取譬。色厉者像敢于公然在别人家墙壁上凿洞的强盗一样，貌似强大，以精神上的狐假虎威来唬人蒙人。但其实他的内心，也像那伙盗贼一样，十分虚弱。那伙盗贼一遇上高喊"抓强盗"之人，他们会立刻撒腿就跑。色厉内荏者，只要有人敢于戳穿他的"皇帝的新衣"，他也会马上原形毕露，露出其内心虚弱的窘相来。

【翻译】

孔子说："色厉内荏，小人之品，好似凿洞穿墙之贼人。"

17.13　乡愿贼德

【原文】

子曰："乡愿，德之贼也①。"

【注释】

① 德之贼也：《孟子·尽心下》记孟子说："非之无举也，刺之无刺也；同乎流俗，合乎污世，居之似忠信，行之似廉洁，众皆悦之，自以为是，而不可与入尧舜之道，故曰'德之贼也'。"这可能是关于"乡愿"品德的最权威描述，一般来说，我们把随波逐流、八面玲珑、不辨是非、毫无原则、只求谁都不得罪之人，称为"乡愿"。孔子以为：它是对品德的伤害，故曰"德之贼也"。

【翻译】

孔子说："乡愿者，伤品德。"

17.14　道听途说

【原文】

子曰："道听而涂说①，德之弃也。"

【注释】

① 道听而涂说：对真实的崇信，是君子品格之所必备。如有人在路途中听说似是而非的消息，未经证实，就匆忙地去散布与传播，这显然违背了君子的崇实品性，有德行之人，会鄙弃此种做法，故曰"德之弃也"。

【翻译】

孔子说："听闻于途，不察而传，君子不为。"

17.15　患得患失

【原文】

子曰："鄙夫①可与事君也与哉？其未得之也，患得之。既得之，患失之。苟患失之，无所不至矣。"

【注释】

① 鄙夫：指精神卑贱者，此类人会把事君看成难得的人生机遇，甚至不惜牺牲与伤害他人。

【翻译】

孔子说："鄙夫焉能事君？没机会，朝思暮想；来机会，唯恐失去；保机会，不择手段。"

17.16　古今三疾

【原文】

子曰："古者民有三疾，今也或是之亡也。古之狂也肆，今之狂也荡；古之矜也廉，今之矜也忿戾；古之愚也直，今之愚也诈而已矣。"

【翻译】

孔子说："古之民讨厌者有三，而今对其的讨厌，或许已不那么强烈了。古之狂者放肆，今之狂者放荡；古之矜者死板，今之矜者蛮横；古之愚者耿直，今之愚者谲诈而已。"

17.17　巧言令色^①

【原文】

子曰："巧言令色，鲜矣仁。"

【注释】

① 巧言令色：本章完全重复 1.3 章，可能是因拾遗而出的差错。

【翻译】

孔子说："口舌如簧却人格猥琐，鲜有仁人味道。"

17.18　君子三恶^①

【原文】

子曰："恶紫之夺朱也，恶郑声之乱雅乐也，恶利口之覆邦家者。"

【注释】

① 君子三恶：孔子认为，色之正为朱，即红色。现紫夺朱而流行，让君子恶于紫；乐之正为雅，而现郑声夺雅而流行，让君子恶于郑声；利口之佞言，有覆家国之虞，故君子恶佞。是非颠倒，价值错乱，定会祸害生活，

君子必当恶之。

【翻译】

孔子说："厌恶紫夺朱而流行，厌恶郑声祸乱雅乐，厌恶佞言颠覆国家。"

17.19　天何言哉①

【原文】

子曰："予欲无言。"子贡曰："子如不言，则小子何述焉?"子曰："天何言哉? 四时行焉，百物生焉，天何言哉?"

【注释】

① 天何言哉：20世纪最伟大哲学家维特根斯坦，在他的名著《逻辑哲学论》的结尾处这样写道："一个人，对于他不能说之事，就该保持沉默。"孔子所遭遇到的，可能就是维特根斯坦所指的那种"不能说"之情景，所以孔子说："予欲无言。"无言是对"不能说"之本体所保持的一种敬畏。其实，言说的功能十分有限，很多时候，无言之言，才是最好的表达。

【翻译】

孔子说："我想沉默。"子贡说："您若不言，弟子将如何记述?"孔子说："天始终沉默，四时行替，百物并作，天有何言?"

17.20　孺悲欲见①

【原文】

孺悲欲见孔子，孔子辞以疾。将命者出户，取瑟而歌，使之闻之。

【注释】

① 孺悲欲见：此章所记事件，背景不详。孺悲者何人？历史文献无确据，仅存某些臆测。估计孺悲是某位与孔子"道不同"之人，孺悲求见孔子，孔子令人以病辞之。传话人刚出门，孔子又鼓瑟而歌，以此告诉孺悲，我是不愿见你。最可能的解释是：孺悲肩负诸如阳虎叛乱欲召之类的使命，孔子不愿与之合作，又担心当面拒绝费口舌，所以采取如此决绝的方式。

【翻译】

孺悲求见孔子，孔子以病辞之。传信者刚离，即取瑟而歌，令其听见。

17.21　宰我逞佞①

【原文】

宰我问："三年之丧，期已久矣。君子三年不为礼，礼必坏；三年不为乐，乐必崩。旧谷既没，新谷既升，钻燧改火②，期可已矣。"子曰："食夫稻，衣夫锦，于女安乎？"曰："安。""女安则为之。夫君子之居丧，食旨不甘，闻乐不乐，居处不安，故不为也。今女安则为之。"宰我出。子曰："予之不仁也！子生三年，然后免于父母之怀。夫三年之丧，天下之通丧也。予也，有三年之爱于其父母乎？"

【注释】

①宰我逞佞：本章记宰我质疑孔子倡导的"三年之丧"，孔子不仅据理力争，而且对宰我的质疑，表现出某种沮丧，其实，从心底他也不认为宰我毫无道理。孔子的容人之量，值得所有师者、长者学习。

②钻燧改火：马融曰："《周书·月令》有更火之文：春取榆柳之火，夏取枣杏之火，季夏取桑柘之火，秋取柞楢之火，冬取槐檀之火。一年之中，钻火各异，故曰改火也。"

【翻译】

宰我问："三年之丧，一年已不短。君子三年不习礼，礼必生疏；三年不奏乐，乐必难谐。一年之内，旧谷吃光，新谷又长，改火周转，一年足矣。"孔子说："吃稻米，穿绸缎，心安否？"答："安。"说："心安即可。君子居丧，食不甘味，美乐无乐，寝卧难安，所以居简。今你居奢能安，则可为之。"宰我出，孔子说："宰我不仁！你有生三年，才能离父母怀抱。三年之丧，天下通行。你宰我没承三年之爱于父母吗？"

17.22 为之犹贤①

【原文】

子曰："饱食终日，无所用心，难矣哉！不有博弈者乎？为之犹贤乎已。"

【注释】

① 为之犹贤：生活为何需要目标？因为目标可引领人奔向未来，人在理想的引领下，生活就会变得充实，他日常的每一天，就都充满意义。而充满意义的生活，才是阳光般明媚的生活。所以理想便是生活之光，是烛照人们生命暗夜的灯塔。人的生命里有了理想，生活就有了内容，就不会再去过"饱食终日，无所用心"的毫无意义的日子，他的生命也才具有价值与意义。珍惜生活、珍爱生命的人，最紧要的就是要立志，即确立生命理想。然后再把理想具体化为生活目标，进而依据目标来安排日常生活。这样生活的内容就会变得具体而丰富，就不再需要以博弈来打发时光，生活也就会因此而踏实与安定。

【翻译】

孔子说："豕样饱食，心无所用，活也艰难！岂不弈而博之？如此更好。"

17.23　君子尚义

【原文】

子路曰："君子尚勇乎？"子曰："君子义以为上。君子有勇而无义为乱，小人有勇而无义为盗。"

【翻译】

子路问："君子尚勇吗？"孔子说："君子尚义。君子有勇无义则乱，小人有勇无义则盗。"

17.24　君子有恶

【原文】

子贡问曰："君子亦有恶乎?"子曰："有恶。恶称人之恶者,恶居下流而讪上者,恶勇而无礼者,恶果敢而窒者。"曰："赐也亦有恶乎?""恶徼以为知者,恶不孙以为勇者,恶讦以为直者。"

【翻译】

子贡问："君子也会有恶吗?"孔子说："有。厌恶言必称恶于人,厌恶下流谤讪上流,厌恶有勇而无礼,厌恶专断而执拗。"问："子贡也有厌恶?"答："厌恶以片解冒充有知,厌恶以桀骜冒充勇敢,厌恶以攻讦冒充耿直。"

17.25　为难养也①

【原文】

子曰："唯女子与小人为难养也,近之则不孙,远之则怨。"

【注释】

① 为难养也:本章理解有困难,争议也较多。按语境猜测:"女子"当指不特定对象,由于话语中有"难养"之叹,故推测这里的小人与女子,都

是需君子供养的家奴与家眷。孔子感叹这些人十分难对待，太宽容了，他们不仅敢对主人不敬，而且常对外人狐假虎威，傲慢无礼。但若要求严厉，他们又会心存怨气、难以支配。但古人如何解读此章，尤其在男权逐步强化的古代社会，误读在所难免。至于孔子有无歧视女性思想，从孔子生活的背景看，一点没有不可能。但从他对《关雎》的赞美，以及选编《诗三百》，入选了大量同情妇女命运，赞美女子情爱诗篇的做法看，孔子是那个时代最能体谅女性的思想家。

【翻译】

孔子说："唯女子与小人最难相处，亲近则无敬，疏远则怨恨。"

17.26 四十见恶

【原文】

子曰："年四十而见恶焉，其终也已。"

【翻译】

孔子说："年届四十，人不待见，此生休矣。"

第十八篇　微　子

【题解】

本篇仅 11 章，篇幅较短，主题当为"隐逸"。当高德大贤遭遇天下无道时，选择以退为进，隐而为寓公、逸民，无论是老子还是孔子，都认为这是一种比较有智慧的做法。孔子与老子的分歧在于：老子把天下无道预设为常态，于是把归隐山林当作有智慧人的必然选择；而孔子则认为：天下总会是有道与无道交替，"无道则隐，有道则见"，应该是读书人有智慧的表现。孔子虽然常以继天下之文为己任，但从不认为自己就是天下第一。他认为：天下总有超过自己的高德大贤，只是由于机运未济，这些人处于一种隐而未显的状态。所以孔子对冥冥之中的隐者，始终保持一份敬畏。

本篇关于隐逸主题的选取，以"殷有三仁"为首章，"周有八士"为终章，而倒数次章则选取了"周公语鲁"，此 3 章实际上都是以"周代殷商"的历史大变局为背景。"殷有三仁"的历史叙事，反衬了商纣王的昏庸、残暴与无道；而"周有八士"则揭开了尘封久远的一段历史往事。那就是在周公制礼作乐，取得辉煌政治文明与文化建设成就的背后，有一批知识精英们的贡献，被历史给遗忘了。我们今天虽不能断定《尚书·周书》的大部分文献出自这些人之手，但仍有理由猜测：这些人可能会与《周书》相关。

《周书》的最大文化贡献，在于提出了"天命观"。周初的"天命"思想，是因应当时中原民众无法接受周人政治权威的这种现实政治需要，而提出的应对之道。因为中原民众始终认为他们是"文明人"，而来自岐山脚下的周人，则是"野蛮人"。如何让中原民众接受周人的统治，权力的正当性，就不能不成为问题。周公的智囊们,鲜明地提出了"天命观",让它来为周人在中原地区行使政治权力,提供合法性论证。他们的论证思路是:王权的合法性在于天命,即上天授予君王以统治下土之民的权力。上天授予君王权力的依据是德,即所谓"德配天命"。说的是只有具有高度德行的君王,才具有配享天命的资格。殷商的远祖,譬如汤、盘庚、武丁等,都是由于他们的德行,才赢得了上天的青睐,并把统治中原的命授予他们。但是殷商的命传到纣王的时候,由于商纣失德而失去了上天的信任,上天就把统治中原的命授予比商纣更加有德的,以文王、周公为代表的周人,所以周人是因为上天的垂青,才获得了对于中原的统治权。对于周人政治权威的服从,就是对上天意志的服从。

这可以说是对周人王权合法性的最完美论证,它在政治文明方面的意义是:首先,它第一次对君王的行为提出了德行的要求,即要求人君必须秉德而行,"祇若兹德,敬用治"以顺天命。其次,衡量人君是否秉德的标准,是看他能否"敬德保民","人无于水监,当于民监"。这样便把天命与民意的支持联系了起来,这点在中国文化的演进史上,具有革命性意义。最后,对于不能"敬德保民"的"无道"人君,人民拥有顺其天道而革其"受命"的权力。也正是在这一意义上,傅斯年先生才称:《周诰》《大雅》中的"天命靡常"观,是中国人道主义的黎明。

当然,周公的智囊们辅佐周公所建立的功勋,远不止提出"天命观"。《诗》作为文明交流的主要媒介,也是从周公时代开始的,甚至"大雅"之《文王》《大明》《绵》《思齐》《皇矣》《生民》《公刘》等一系列"史诗"的创作,也应当与这批读书人相关。只可惜,由于年代太过久远,我们无法辨析出他们各自究竟作出了哪些文化上的贡献。但他们为了阐释"天命靡常"的道理,而留下的"周虽旧邦,其命惟新";"维此文王,小心翼翼,昭事上帝";"穆穆文王,於缉熙敬止";"明明在下,赫赫在上";"皇矣上帝……监观四方"等诗句,所体现出来的政治忧患意识,已经深深地根植于中华民族的精神沃土之上,并至今还在规范着中国人的政治行为。

关于隐逸本篇还选取了接舆狂歌、子路问津、荷蓧丈人三个孔子与隐者间接接触并被嘲讽的故事,虽然这些人在人生的道路选择上对孔子有非议，但孔子仍以达观的态度对待这些分歧。在"逸民三类"章中，孔子甚至把自己也归为"因时而仕"的逸民，愿引逸民为同道，可见逸民在孔子心中的分量，是何等之重！

18.1 殷有三仁①

【原文】

微子去之，箕子为之奴，比干谏而死。孔子曰："殷有三仁焉。"

【注释】

① 殷有三仁：本章孔子论殷之三仁，首推微子，微子名启。为商纣王庶兄，见纣王无道而谏，不可则明智地归隐，武王伐纣胜利后，微子见，受封于宋地，成为宋国的开国诸侯。微子能洞悉人性，看透纣王之不可谏，然后明智地选择隐。箕子为纣王叔叔，亦为纣王重臣。纣王昏聩，箕子尽力以谏，但纣王反欲加害箕子。为了自保，箕子不得不佯装癫狂，并以自贬为奴而保命，显然不如微子。比干为纣王叔父。见箕子因谏而为奴，乃犯颜直谏，并激怒纣王，以致惨遭杀害，且被剖视其心。虽英勇悲壮，但却有不智之嫌。在孔子的心中，隐逸者为高。

【翻译】

微子隐逸，箕子为奴，比干惨殁。孔子说："殷商有仁三人。"

18.2　柳下惠仕^①

【原文】

柳下惠为士师，三黜。人曰："子未可以去乎？"曰："直道而事人，焉往而不三黜？枉道而事人，何必去父母之邦？"

【注释】

① 柳下惠仕：柳下惠仕鲁之事迹，《春秋》未见，《左传》亦极少见。《孟子·公孙丑上》有记："柳下惠不羞污君，不卑小官；进不隐贤，必以其道；遗佚而不怨，厄穷而不悯。故曰：'尔为尔，我为我，虽袒裼裸裎于我侧，尔焉能浼我哉？'故由由然与之偕而不自失焉，援而止之而止。援而止之而止者，是亦不屑去已。"意思为：柳下惠不以侍奉坏的君王为可耻，也不嫌弃自己的官职低下。入朝做官不隐藏自己的才能，但办事必定要遵循原则。不被任用，也不怨恨；困厄艰难，也不自艾自怜。他常说：你是你，我是我。你就是赤身裸体地站在我身旁，又怎么能够玷污到我呢？柳下惠无论与何人共事，都不失其做人原则。他之所以不离去而选择留下，是因为他不屑于离去而已。这或许是孟子对本章孔子论述的解释。本章说柳下惠做过鲁国的"士师"，有文献称"士师"乃管理贵族狱讼之官，但《左传》中，此种官职较少听说。当然这不影响对此章内容的理解。

【翻译】

柳下惠任士师，遭三次罢免。有人说："岂不可离去？"答："以直道事人，去何地不遭三黜？事人不以直道，何必远离祖国？"

18.3 孔子辞齐^①

【原文】

齐景公待孔子曰："若季氏，则吾不能，以季孟之间待之。"曰："吾老矣，不能用也。"孔子行。

【注释】

① 孔子辞齐：本章记孔子见齐景公，齐景公许诺给孔子的待遇，在季氏与孟氏之间，孔子以"吾老矣"拒之。此解自古以来没甚争议。但近人以孔子见齐景公仅三十七岁为理由，质疑"吾老矣"，不该是出自孔子，而应出自齐景公。从语境上分析，如果孔子自卫返鲁后，再去齐见景公，似乎更合理。但历史文献无此记录。

【翻译】

齐景公见孔子，说："若比照季氏，我做不到，待遇在季、孟之间。"孔子说："我老了，不堪用了。"孔子辞而行。

18.4　孔子去鲁①

【原文】

齐人归女乐，季桓子受之，三日不朝，孔子行。

【注释】

① 孔子去鲁：齐国发现鲁国重用孔子，担心鲁国因此崛起，为遏制鲁国，齐国挑选歌舞伎，赠予鲁定公，季桓子不识齐人计谋而收下，使得鲁定公沉溺于温柔而"三日不朝"。孔子可能也试图劝谏过，但无济于事，故行，即辞职离开。

【翻译】

齐人赠女乐，季桓子接受，定公三日不朝，孔子辞而行。

18.5　接舆狂歌

【原文】

楚狂接舆①歌而过孔子，曰："凤兮，凤兮！何德之衰？往者不可谏，来者犹可追。已而，已而！今之从政者殆而。"孔子下，欲与之言。趋而辟之，不得与之言。

【注释】

① 接舆：庄子喜谈接舆，其《逍遥游》与《人间世》皆以接舆作寓言人物。李白也有"我本楚狂人，凤歌笑孔丘"的诗句，二人用典，皆取自于此章。孔门弟子，收此章记述，主要表达孔子对隐逸者的敬畏。孔子心中有"高人深藏于民间"的心理预设，于是不敢不敬畏。

【翻译】

楚狂士接舆放歌而过孔子，歌曰："凤凰啊，凤凰！德为何衰败？逝者无法劝谏，来者犹可提醒。罢了吧，罢了！当今为政者没指望了。"孔子闻歌，欲与攀谈。接舆快步离去，空余不得之叹。

18.6　子路问津①

【原文】

长沮、桀溺耦而耕，孔子过之，使子路问津焉。长沮曰："夫执舆者为谁？"子路曰："为孔丘。"曰："是鲁孔丘与？"曰："是也。"曰："是知津矣。"问于桀溺。桀溺曰："子为谁？"曰："为仲由。"曰："是鲁孔丘之徒与？"对曰："然。"曰："滔滔者天下皆是也，而谁以易之？且而与其从辟人之士也，岂若从辟世之士哉！"耰而不辍。子路行，以告。夫子怃然曰："鸟兽不可与同群，吾非斯人之徒与而谁与？天下有道，丘不与易也？"

【注释】

① 子路问津：此章所记对话，涉及出世与入世人生观的冲突。对话语境是：孔子与弟子们来到大河边，欲知渡口何处，让子路去向河边正在并向而耕的两个农夫打听。他们分别叫长沮与桀溺。对话所记的根本分歧在于，

儒家认为：当天下无道之时，社会的精英们应该勇于担当，为社会的向善向上，尽其力所能及。因为如果所有精英都明哲保身地选择逃逸，天下无道之恶，就会殃及每个人的自身。而主张归隐的人士认为：个人的所谓担当，在天下无道之时就表现为"不识时务"。明知不可以通过一己之力改变世道，又偏努力地去企图改变它，这不是明显地在做傻事吗？所以明智的人生选择是逃与隐。对于儒者来说，这种选择逃避崇高的所谓"智"，其实是一种失却了生命终极关怀的愚蠢。

【翻译】

长沮与桀溺并向而耕，孔子过，欲问渡口，使子路。长沮问子路："执辔者何人？"答："孔丘。"问："鲁国孔丘吗？"答："是啊。"长沮说："他该知渡口啊！"又问桀溺。桀溺反问："你是谁？"答："是仲由。"问："是孔丘弟子吗？"答："是啊！"桀溺说："天下已浊浪滔滔，而谁又能改变？你与其追随此避人之士，倒还不如去追随避世之士呢?!"两人继续耕作。子路返回，告诉孔子。孔子怅然说："飞禽与走兽难同群，我与斯人道不同，岂可为伍？天下若真有道，我干吗非要去改变它？"

18.7 荷蓧丈人①

【原文】

子路从而后，遇丈人，以杖荷蓧。子路问曰："子见夫子乎？"丈人曰："四体不勤，五谷不分。孰为夫子？"植其杖而芸。子路拱而立。止子路宿，杀鸡为黍而食之，见其二子焉。明日，子路行，以告。子曰："隐者也。"使子路反见之，至，则行矣。子路曰："不仕无义。长幼之节，不可废也；君臣之义，如之何其废之？欲洁其身，而乱大伦。君子之仕也，行其义也。道之不行也，已知之矣。"

【注释】

① 荷蓧丈人：担着锄头的老者。此章所记述，依然是孔子一行人遭遇隐者的故事，此隐者为一荷蓧丈人。子路不小心掉了队，发现前有一老者，用拐杖挑着除草工具，显然是位农夫。子路上前询问，丈人不屑地说："四体不勤，五谷不分，孰谓夫子？"然后开始干农活。子贡对丈人的批评，并无反感，恭敬而立。这赢得老者好感，于是留宿子路，杀鸡煮黍，热情接待，并介绍识其子。次日子路返，告诉孔子见闻，孔子疑其为隐者。让子路再返拜谢，并讨教学问。但子路返，丈人已远出云游，子路见其子。二人探讨了一番关于仕与隐的道理。孔子师徒为何如此尊敬此老者？最主要原因是老者"四体不勤，五谷不分"的批评，触动了他们，引发了他们的自我省思。士君子之德修，如何能不让草根阶层反感？乃儒学的大课题。

【翻译】

子路掉队了，遇老者，用杖担蓧。子路问："是否见过夫子？"老者答："四体不勤，五谷不分，孰谓夫子？"老人植杖而芸，子路恭敬而立。老者留宿子路，杀鸡烹黍，介绍其二子。次日，子路赶回，禀告经过。孔子说："隐者也。"使子路返回拜谢。及子路返，老者已出，子路说："大德者不仕，则无义。长幼秩序既不可废，君臣之义又如何能废？想洁身自好，却悖伦常。君子之仕，行其道义。道义缺失，已知而守之即可。"

18.8　逸民三类

【原文】

逸民：伯夷、叔齐、虞仲①、夷逸、朱张②、柳下惠、少连③。子曰：
"不降其志，不辱其身，伯夷、叔齐与！"谓："柳下惠、少连，降志辱身矣，
言中伦，行中虑，其斯而已矣。"谓："虞仲、夷逸，隐居放言，身中清，废
中权。我则异于是，无可无不可。"

【注释】

① 虞仲：仲雍后人，被武王从民间寻回，封于虞，故称为虞仲。

② 夷逸、朱张：二人事迹皆不详。

③ 少连：传说为东夷贤人。

【翻译】

逸民：伯夷、叔齐、虞仲、夷逸、朱张、柳下惠、少连。孔子说："不
降志而仕，不屈就委身，唯伯夷、叔齐！"又说："柳下惠、少连，能降志辱
身仕，但言无诌，行守中，如此亦难得。"说："虞仲、夷逸，隐逸而放言，
身守正，言由衷。我与他们不同，视时而仕，无可与不可。"

18.9　乐坏流离①

【原文】

大师挚适齐，亚饭干适楚，三饭缭适蔡，四饭缺适秦，鼓方叔入于河，播鼗武入于汉，少师阳、击磬襄入于海。

【注释】

① 乐坏流离：由于"乐坏"，鲁宫廷乐队不得不解散，于是乐队长官，即大师挚，就被迫流落至于齐；次席乐师"亚饭干"，则流落于楚；第三席乐师"三饭缭"，则流落于蔡；第四席乐师"四饭缺"，流落到了秦国；这些地位高的乐师，还有诸侯宫廷可供职，算是好命的。打大鼓的方叔，则流落到晋国民间；摇小鼓（鼗）的子武，则流落至楚国民间；末席乐师子阳与击磬的子襄，则流落到齐国民间。"乐坏"从音乐普及的意义看，又未必不是件好事。鲁国宫廷的礼乐最为完备，现在通过宫廷乐队解散，乐师流失四方的方式，把鲁国保存的传统宫廷礼乐传播给了齐、楚、蔡、秦的宫廷，以及楚、晋、齐、秦的民间，进而加速了这些古典文化与文明向非主流文明地区以及民间的普及。

【翻译】

大师挚流落于齐，亚饭干流落至楚，三饭缭流落于蔡，四饭缺流落至秦。鼓手方叔流落晋民间，摇小鼓的子武流落楚民间，少师子阳、击磬者子襄流落于齐民间。

18.10　周公语鲁

【原文】

周公①语鲁公曰："君子不施其亲，不使大臣怨乎不以。故旧无大故，则不弃也，无求备于一人。"

【注释】

①周公：中国的封建诸侯制度，始于西周初年的周公旦摄政时期。周公旦乃中华文明史上极富创造力与影响力的政治家。面对着天下初定，武王疾逝，兄弟间为王位继承剑拔弩张的政治危局，周公旦以极高的政治智慧，团结召公奭，抑制管、蔡、霍，并以宣布废除"兄终弟及"，改为"嫡长子继承"的王位继承制度，从而化解了一场政治危机。但由于武王嫡长子成王年幼，周公便成为当时拥有实际政治权力的摄政王。为了解决中原广大地域的政治统治问题，周公发明了"封建诸侯"的政治制度，并带头封自己为鲁公。由于自己需要在丰京摄政，就命自己儿子伯禽代自己赴鲁执政。此章所记述，即周公送儿子伯禽去鲁时所进行的政治交代。周公告诉伯禽，执掌鲁国政，最需要注意的是：不要放纵亲人，不使大臣怨恨，故旧不弃，勿求全责备。全是施政心得。

【翻译】

周公嘱咐伯禽："君子施政，勿放纵其亲，不使大臣有怨难释怀。故旧勋臣，无大过错不弃用，用人勿求全责备。"

18.11　周有八士

【原文】

周有八士：伯达、伯适、仲突、仲忽、叔夜、叔夏、季随、季骝。

【翻译】

辅佐周公的智囊有八：伯达、伯适、仲突、仲忽、叔夜、叔夏、季随、季骝。

第十九篇 子 张

【题解】

本篇主题明确，主要记孔门弟子对孔子之道的继承，"承道"当为本篇主题。全篇25章，记子夏言论最多，达10章，其次为子贡6章，曾子4章，子张3章，子游2章。从篇幅分配推测：《论语》成书，贡献最大的应该是子夏门人，其次是子贡、曾子门人。从思想承继的意义看，子游与子夏，是孔门晚期的两位佼佼者，二人在孔子过世后，同样各自招收许多弟子，并且由于共同师祖的缘故，两家弟子之间既相互切磋，又相互攀比。"本末之辨"章，记述了子游与子夏关于本末问题的争论，所争论之主题，也是后来孟子与荀子思想分歧的滥觞。

子游主张学应该务本，而此本即后来孟子所提出的：向生命内向的开拓，即学应该是向心性之良知本体的发掘。这也就是宋明理学家后来所坚持的：学应该"先立乎其大"。但子夏坚持学应该循序渐进，应该从洒扫应对处做起，以培养弟子们首先适应社会行为规范之礼的习惯。人们的心性是在这种被规训之中受到教化、陶冶与提升的。他的这种看法，与后来荀子"礼论"对君子德修的看法就十分接近。人们以此为依据，判断荀子继承了子夏之学统，也十分有道理。子夏学脉后来被荀子所继承，并最终汇入汉初经学。而子游派学脉，经子思而孟子，之后则经过了400多年的沉寂后，被东汉人赵岐所发掘，但其大昌明，还要等待北宋之二程的进一步发明。

本篇之"学优则仕"章最为重要，它所反映的是子夏对孔子思想，尤其是政治思想的深切相契，同时也是对孔子政治学说的最精辟表达。众所周知，孔子之前的基本政治制度，是世袭贵族的官僚制，其显著特点是"血而优则仕"。即以血缘高贵与否，作为权力分配的根本依据。孔子希望通过以德行释君子，来改革这种制度。其改革的根本依据，是把德行作为分配权力的条件，而评价德行优劣的具体尺度，便是学。在逻辑上，学得好者，就意味着德行高；而学得不好，则意味着德行差。这样一来，依据德来分配权力，就自然转换成依据学的成效，来作为权力分配的依据。孔子虽未明言，但他的政治学说，已自然地蕴含了"学而优则仕"的结论。子夏的聪明在于，他洞识到孔子政治学说的这一结论，并用最为精辟的语言，把这一结论表达了出来。而后中华政治文明几千年，都是沿着这条"学而优则仕"的主线而发展的，科举制的发明，就是落实"学而优则仕"的最佳制度设计。公平、公正、公开，是"学而优则仕"作为政治制度，所蕴含的最根本精神。所以"学而优则仕"是中华政治文明最为宝贵的精神遗产。但近百年来，国人批"读书做官"，妖魔化"学而优则仕"，以致使国人至今仍不识其宝贵价值。

子贡对孔学的贡献，主要表现在孔子去世后，他高举起弘扬孔子之道的大旗。对此本篇后4章做了重点记述。"文武之道"章，子贡面对公孙朝对孔子的诋毁，子贡将孔子的贡献放在中华民族文明史的高度来给予其定位，反映了子贡深邃的历史洞察力。"譬之宫墙"章，子贡以"齐肩之墙"与"宫宇之墙"对举的方式，来说明自己学问与孔子学问的差距，极具文学色彩，同时也极为恰当。"不自量力"章记述子贡对叔孙武叔诋毁孔子行为的愤怒，并斥责其为狂犬吠日。末章子贡面对弟子赞美自己贤于孔子，而生气地批评陈子禽出言不谨慎，孔子的境界之高乃犹天之不可阶。

另外，"恶居下流"章记述了子贡关于历史的一个重要发现。何谓历史？历史是人们根据过去人生活经验的碎片，所进行的一种关于某种生活感悟的拼贴。西周初年，周公及其智囊们，为巩固其脆弱的统治，而提出了著名的"天命学说"。该学说以及它所讲述的历史故事，都明显带着为政治服务的特征。为论证周人政治统治的合法性，商纣王便被其政治对手们给妖魔化了。所以子贡指出：商纣王或许并不像今天人们所知道的那样不堪，他的所谓荒淫无道，所谓的邪恶，都有可能是"恶居下流"的结果。以商纣王为镜鉴，我们知道：君子最为害怕的是名节被玷污，一旦如此，他就会身处天下之恶的汇聚处，所有污秽的脏水，都会向他涌来，他也就会像商纣王一样，永远无法洗清恶名。"恶居下流"，是子贡的一个伟大发现！其实，在中华文明史上，被污名化的历史人物，又何止一个商纣王？秦始皇难道没被妖魔化吗？还有王莽、隋炀帝杨广等。朱明王朝的历代皇帝，都被清朝统治者妖魔化。后朝君王，为了论证自己权力的取得符合天道，就不得不妖魔化其前朝。古今中外，概莫能外。

"月食之喻"章用日月之食来比喻君子之过，也是子贡发现的一个极为出色的文学意向。用皎洁明媚的月亮比喻君子品格，是十分富有诗意的联想。月食之时，月亮被遮蔽，明媚的月光被暂时遮挡，这正如君子之过错，它会暂时影响君子形象之光辉。但这种遮挡会被所有人看见，正如君子从不掩饰自己的过错一样。但对月亮的遮蔽，不久便会过去，这也像君子知错很快就会改正。当月食将过，人们总会仰首期待；人们对于君子的改过，也同样地期待。一旦月亮皎洁如初，人们将更加爱慕；这也与君子改过后，人们对他更加敬佩和仰慕一样。实在应该为子贡的文学想象力点赞！

曾子讷言，其对孔子学说的理解与诠释，基本载于《论语》，并汇入子游学派中，以致后人误以为：思孟学派的源头在曾子。子张对孔子学说的理解，虽独特，但可能是由于其做人在同门内缺乏认同的缘故，因而对孔子之道的弘扬，贡献不是很大。

19.1　子张论士

【原文】

子张曰："士见危致命，见得思义，祭思敬，丧思哀，其可已矣。"

【翻译】

子张说："士人须：临危能承命，见得能思义，祭祀有敬，居丧有哀，如此便可以了。"

19.2　执德不弘

【原文】

子张曰："执德不弘，信道不笃，焉能为有？焉能为亡？"

【翻译】

子张说："践德却气宇非弘，信道却三心二意，谋事岂能有作为？生命岂能有意义？"

19.3　子夏云何^①

【原文】

子夏之门人问交于子张。子张曰："子夏云何?"对曰："子夏曰:'可者与之,其不可者拒之。'"子张曰："异乎吾所闻。君子尊贤而容众,嘉善而矜不能。我之大贤与,于人何所不容? 我之不贤与,人将拒我,如之何其拒人也?"

【注释】

① 子夏云何:子张与子夏,在如何理解"交"上产生分歧。子夏所谓"交",肯定是指交友,且非一般朋友,而是生命有所契合的朋友。孔子说过"勿友不如己者"。因此有拒绝,十分自然。但子张所理解的"交",是从德行修养的意义看,做人需要有容,即有宽容的胸襟和包容的雅量。因此与人交,如何需要拒绝? 由于对"交"的理解不同,于是便产生分歧。

【翻译】

子夏的弟子请教子张交友的问题。子张问:"子夏如何说?"答:"适合就交,不适合就拒。"子张说:"而我所听则有不同。君子尊贤者,有包容,嘉良善,矜无能。若我齐与大贤,对何人不可容? 若我不与贤者齐,遭拒的应是我,岂容我拒他人?"

19.4　致远恐泥

【原文】

子夏曰："虽小道①，必有可观者焉，致远恐泥，是以君子不为也。"

【注释】

① 小道：日用凡俗之奥秘。

【翻译】

子夏说："虽为小道，亦必有值得观注之处。君子不关注小道，是唯恐因其而溺其志，无法行稳致远。"

19.5　子夏论学

【原文】

子夏曰："日知其所亡，月无忘其所能，可谓好学也已矣。"

【翻译】

子夏说："每天能对其所不知而有所知，每月能不忘其所已知，即可谓好学。"

19.6 子夏论仁

【原文】

子夏曰："博学而笃志，切问而近思，仁在其中矣。"

【翻译】

子夏说："博采勤学方能笃志，贴切之问来自审思，仁义便寓于其中。"

19.7 学致其道

【原文】

子夏曰："百工居肆①以成其事，君子学以致其道。"

【注释】

① 肆：工作之场。子夏认为：百工劳作以肆为场，君子求道以学为场。

【翻译】

子夏说："百工以肆做工场，君子致道学为场。"

19.8　小人文过

【原文】

子夏曰："小人之过也必文。"

【翻译】

子夏说："文过饰非，小人品性。"

19.9　君子三变

【原文】

子夏曰："君子有三变：望之俨然，即之也温，听其言也厉。"

【翻译】

子夏说："感知君子，或有三变：远望之敬畏，近视之温和，听谈吐佩服。"

19.10　君子有信①

【原文】

子夏曰："君子信而后劳其民。未信，则以为厉己也。信而后谏。未信，则以为谤己也。"

【注释】

① 君子有信：子夏从两方面论信用对君子的意义，君子信而使民，民任其劳；不信，民会把使视为伤害。君子有信，方能谏君；不信，君会视谏为谤，其命危矣。

【翻译】

子夏说："君子有信而使民，民会任劳而无怨；无信而使民，民则会以劳为虐。君子有信，方能够谏；无信而谏，会被视为讪谤。"

19.11　子夏论德①

【原文】

子夏曰："大德不逾闲，小德出入可也。"

【注释】

① 子夏论德：子夏认为，德有大小，大德者，仁、智、勇，为人生之大节也。小德者，恭、宽、惠，乃做人之小节也。人之大德，是不能亏欠的，或无仁心，或无智慧，或无勇气，则无以为君子，故曰"不逾闲"；而对诸如恭、宽、惠之类做人品行，则可权变，当然这种权变，不是说君子待人，可以不恭，可以不宽，可以无惠。而是说恭、宽、惠，都要看对象，即对长者、贵者、贤者则需要恭，对下属则需要宽，对民众则更需要惠。并且其恭、宽、惠的度，仍须视对象而有所权变。故曰"出入可也"。

【翻译】

子夏说："君子大德无亏，小德亦可出入。"

19.12　本末之辨

【原文】

子游曰："子夏之门人小子，当洒扫应对进退则可矣，抑末也。本之则无，如之何？"子夏闻之，曰："噫！言游过矣。君子之道，孰先传焉，孰后倦焉，譬诸草木，区以别矣。君子之道，焉可诬也？有始有卒者，其惟圣人乎！"

【翻译】

子游说："子夏的弟子们，以为学即洒扫、应对、进退，此乃是逐末也。舍本而逐末，如何能致学？"子夏听后说："呀！子游之说，过了。君子之道，哪些先传，哪些后教？岂能像草与木，区而别之。君子之道，岂可妄言？欲规定其孰先孰后者，唯有圣人方能够！"

19.13　学优则仕

【原文】

子夏曰："仕而优则学，学而优则仕。"

【翻译】

子夏说："官风自然是以尚学为美，学而优须当作选官条件。"

19.14　致哀而止

【原文】

子游曰："丧，致乎哀而止。"

【翻译】

子游说："丧礼，适度表达哀思即可。"

19.15　然而未仁

【原文】

子游曰："吾友张也，为难能也，然而未仁。"

【翻译】

子游说："我友子张，聪颖过人，少点仁厚。"

19.16　堂堂乎张

【原文】

曾子曰："堂堂乎张也，难与并为仁矣。"

【翻译】

曾子说："子张虽仪表堂堂，却难以与仁者并立。"

19.17 曾子论丧^①

【原文】

曾子曰："吾闻诸夫子，人未有自致者也，必也亲丧乎！"

【注释】

① 曾子论丧：曾子认为，丧葬之礼仪，是人们尽情宣泄情感的合适场合，尽情铺张也是情理所致。但这与子游"致乎哀而止"的看法，显然是有根本分歧的。曾子是"重丧"派，"慎终追远，民德归厚"出自曾子，亦十分合理。

【翻译】

曾子说："我曾听夫子说，人不可放纵情感，除临至亲之丧。"

19.18 孟庄之孝

【原文】

曾子曰："吾闻诸夫子，孟庄子^①之孝也，其他可能也，其不改父之臣与父之政，是难能也。"

【注释】

① 孟庄子：仲孙速也。孟献子仲孙蔑之子，以孝闻名。曾子以说孟庄子的方式来表达他对孝的看法。曾子说：孟庄子念旧情，不忍弃用父亲当年所倚重的老臣，足以见他对父亲的孝心之深。为了延续父亲的影响，孟庄子刻意压抑自己，按父亲当年制定的规矩办，以此来表达对父亲的缅怀。曾子试图以此诠释孔子"三年不改父之道"的思想。

【翻译】

曾子说："我曾听夫子说：孟庄子之孝，其他较易学做，其不弃用父之臣，与不改其父之政，则较难于学做。"

19.19   哀矜勿喜^①

【原文】

孟氏使阳肤为士师，问于曾子。曾子曰："上失其道，民散久矣。如得其情，则哀矜而勿喜！"

【注释】

① 哀矜勿喜：此章之孟氏，为孟敬子，即仲孙捷，鲁悼公时期鲁国的执政大臣。据说孟敬子与曾子同庚，估计为曾子朋友。孟敬子推荐曾子的弟子阳肤为鲁国的典狱官，阳肤上任前，去向老师请教，曾子以"哀矜而勿喜"教诲之。

【翻译】

孟敬子任阳肤为士师，问曾子，曾子说："国失其道，民心久散。若遇罪案，移情哀矜，切勿得意！"

19.20 恶居下流

【原文】

子贡曰："纣之不善，不如是之甚也。是以君子恶居下流，天下之恶皆归焉。"

【翻译】

子贡说："纣王之恶，或许并不如此严重。君子一旦名节被玷污，天下之污秽，将汇集其身。"

19.21 月食之喻

【原文】

子贡曰："君子之过也，如日月之食焉。过也，人皆见之；更也，人皆仰之。"

【翻译】

子贡说："君子之过，犹如日月之食。有过，人皆得见；改之，人皆仰慕。"

19.22　文武之道

【原文】

卫公孙朝①问于子贡曰："仲尼焉学？"子贡曰："文武之道，未坠于地，在人。贤者识其大者，不贤者识其小者，莫不有文武之道焉。夫子焉不学？而亦何常师之有？"

【注释】

① 公孙朝：卫国大夫公孙朝，生平事迹不见于史料。但从上下文分析：此公孙朝可能为心术不正者，恶意地诋毁孔子。也可能是对孔子了解不深者，对孔子存有误解。他质疑孔子学问，受到子贡反驳。

【翻译】

卫公孙朝问子贡："孔子焉有学问？"子贡答："文武之道，至今未坠，因有孔子。唯大贤德，方能识此；非贤而识小，无体悟文武之道之大智慧。夫子若不学，当今之世，谁敢称师？"

19.23　譬之宫墙①

【原文】

叔孙武叔语大夫于朝曰："子贡贤于仲尼。"子服景伯以告子贡。子贡曰："譬之宫墙，赐之墙也及肩，窥见室家之好。夫子之墙数仞，不得其门而入，不见宗庙之美，百官之富。得其门者或寡矣。夫子之云，不亦宜乎？"

【注释】

① 譬之宫墙：《孟子·滕文公上》有记："昔者孔子没，三年之外，门人治任将归，如揖于子贡，相向而哭，皆失声，然后归。子贡反，筑室于场，独居三年，然后归。"从孟子的记述中我们知道，子贡对孔子是真心崇拜。据说子贡晚年仕于鲁且颇有政绩。此章对话的语境，就发生在子贡仕鲁期间。由于子贡的政绩出色，所以在鲁国的朝堂上，大夫叔孙武叔别有用心地谬赞子贡，并遭子贡批驳。

【翻译】

鲁国朝堂上，叔孙武叔对其他大夫说："子贡才能超过孔子。"子服景伯将此话转告子贡，子贡说："孔子比我，那好似那宫廷之墙，比之齐肩之垣。我的学识，若窥室家之好，一览无余；夫子学识，若宫中之富贵，深不可测。不得其门而入，岂知宫内建筑之华丽，储藏之丰富。而得其门而入者稀。以宫墙喻夫子精神世界，岂不至为恰当？"

19.24 不自量力

【原文】

叔孙武叔毁仲尼。子贡曰:"无以为也,仲尼不可毁也。他人之贤者,丘陵也,犹可逾也。仲尼,日月也,无得而逾焉。人虽欲自绝,其何伤于日月乎? 多见其不知量也。"

【翻译】

叔孙武叔诋毁孔子,子贡说:"请你别这样! 孔子无法诋毁。普通贤者,譬若丘陵,犹可逾越。孔子之境,与日月比高,无法逾越。诋毁孔子,如吠日月之狂犬,不自量力,自弃于民而已。"

19.25 天不可阶

【原文】

陈子禽谓子贡曰:"子为恭也,仲尼岂贤于子乎?"子贡曰:"君子一言以为知,一言以为不知,言不可不慎也。夫子之不可及也,犹天之不可阶而升也。夫子之得邦家者,所谓立之斯立,道之斯行,绥之斯来,动之斯和,其生也荣,其死也哀,如之何其可及也?"

【翻译】

陈子禽对子贡说："您太谦虚了,孔子岂贤于您?"子贡说:"君子出言不能不慎。因一言,可显其才智,也可显其愚蠢。老夫子境界之高,若登天之不可及,因寻不到登天阶梯。若夫子能得诸侯之政,管大夫之事。肯定能让当立者立,该行者行,近者有悦,远者来服,政通人和。他虽未及此,但其生时已誉满诸夏,死时又能哀思尽享。平凡之人,如何能及?"

第二十篇　尧　曰

【题解】

本篇为全书之终篇，篇幅甚短，主题当为"掬珠"，即是在第十七篇"拾遗"的基础上，把孔子思想之"隐逸"给展示出来。为了显示本篇记述之珍贵，特以"尧曰"标榜之。由于尧帝是孔子至为推崇的大德圣君，而以他之口说出的话，就更具有黄钟大吕般之珍贵。本篇所记的尧之言，虽字字珠玑，但篇幅过短，为独立成篇之故，又添加了些许内容。朱熹将全篇分成3章，似有不妥。后2章记孔子言，独立成章无异议，但首章细分又有5个主题，宜分为5章。

首章以"尧曰"而标定，凸显其黄钟大吕之地位，实乃万古不易之醒世名言。当为孔门弟子综合乃师全部政治思想而进行的全新提炼和发明。孔子说："中庸之为德也，其至矣乎！民鲜久矣。"虽已指向"以中为用"，但何者为"中"？仍不甚明了。但本章以尧的口气说"允执其中"，我们可以领悟到的生命智慧，就丰富上许多。此"中"之谓，首先为"正"，即为政之首要，是守正道。而守正之第一意，就是身正，正己方可正人，"其身正，不令而行"。守正之第二意，为不偏不倚，办事公道。执政不出于公心，政令夹杂私念，就是不能守正。此"中"之谓，其次为"公平"，即是让每个人都能够感受到公平。因人人皆渴望公平，所以孔子说："不患寡而患不均。"人们一旦感受到不公平，便产生民怨，民怨积累则生乱。所以让民众感受到公平，是治国理政的大课题。此"中"之谓，再次为"和谐"。这是执政者守正道，民众感受到公平后的自然结果。如果能够让君民、官民、民间都和睦相处，这便是"允执其中"所期望的最高境界。"允执其中"以尧之口说出，是儒家"王道"思想的真正源头。

其后4章，最重要的是"天下一统"章。"天下"观念是古代中国人关于"文明世界"的想象。秩序与人道，是"天下"的根本特征。本章记述：周人在武王的领导下，取得"周克大邑商"胜利后，重建以中原为核心的天下秩序之过程。他们通过"谨权量，审法度，修废官"来实现行政一统；又通过"兴灭国，继绝世，举逸民"来继承文明传统；再通过"重民食、丧、祭"来恢复民生；最后通过宽、信、敏、公的施政，来建构官民阶层间的信任与和谐。这些记录，当然是出自孔门弟子们的想象与发明，尤其关于行政一统的想象，反映了他们关于秩序重建的期盼，而这些想象某种程度上，启迪了秦汉时代的制度建构。而"秉公用权"思想，也第一次被提出，虽未深究，却提出了一个治国理政的核心课题。

最后两章，"尊美屏恶"虽篇幅较长，但语言风格与其他"子曰"不类，尤其对"五美""四恶"的解释，似乎不太周延，重要思想也显不多。为何将此章收入末篇？估计意图在于对上篇"贬子张"倾向的某种矫正。而"君子三知"所记思想相对重要，孔子强调：君子须有"三知"，首先是知命，即洞悉自己的历史使命。这其实是一种历史意识，要求君子应该清醒知道，自己能够做什么？又应该做什么？并把这种"应该"放在历史中，加以合计与审思。其次是知礼，这里的知，不仅要求通晓礼的全部规定，还应该知其所以然，即洞晓这些规矩制定的初衷，明了这些礼仪规矩背后的人文精神。再次是知言，君子须有穿透语言遮蔽的能力，不仅能把捉到言后之意，而且能通过"知人论世"而与言说者神交，同时也能看穿独断论者的虚妄和欲售其奸者的谎言与忽悠。而这些要求，都对丰富君子人格理论之全篇主题，作了很好的补充。

20.1 允执其中

【原文】

尧曰："咨①！尔舜！天之历数在尔躬，允执其中，四海困穷，天禄②永终。"舜亦以命禹。

【注释】

① 咨：啧，大呼。

② 天禄：对天命的享有。

【翻译】

尧说："喂！舜呀！你能否恭敬用权，上天始终会明察。你须守正而执中。否则天下会因困而穷，汝之天命，也将会被永久地终结。"舜也以同样的话语嘱咐禹。

20.2 罪在朕躬

【原文】

曰："予小子履①，敢用玄牡②，敢昭告于皇皇后帝③。有罪不敢赦。帝臣不蔽，简在帝心。朕躬有罪，无以万方。万方有罪，罪在朕躬。"

【注释】

① 小子履：履，即商汤，名履。他是本章的说话主体，所记述的是：商汤在伐夏桀前，进行战前祭祀时，对上帝进行祷告的祷词。其"朕躬有罪，无以万方。万方有罪，罪在朕躬"之词，反映的是一代圣德君王的至诚至仁，后《中庸》言"至诚能化"，讲的就是这种仁德君王人格的感天动地。

② 玄牡：黑色公牛。

③ 皇皇后帝：列祖列宗。

【翻译】

汤说："我小子履，冒昧用黑色公牛祭祀您，并向您——伟大而英明的上帝禀告：我若有罪，不敢求您赦免。您世事洞明，真相在心。伐桀之事，若有罪请惩罚我一人，切勿殃及百姓。各方若有罪，其罪亦在我。"

20.3 善人是富

【原文】

周有大赉①，善人是富。

【注释】

① 赉：封赏。本章记述的是，周初封土建国，所遵循的原则：即让良善之人得到封赏，进而让精神富有与物质富有相匹配。让德行与幸福相配称，是所有高尚思想家所追求的理想之境。近代德国伟大哲学家康德，也皓首穷经地思考"德福配称"问题，穿越时空隧道，我们发现人类所面对的终极难题，何其相似乃尔！

【翻译】

周初大封赏，让善良者富贵。

20.4　不如仁人①

【原文】

"虽有周亲，不如仁人。百姓有过，在予一人。"

【注释】

① 不如仁人：本章记周武王在牧野之战前，面对前来参战的列国兵众，而发表的战前讲演，虽仅有四句，但大致可读出其人格品质。其所论蕴含的生命智慧是：奇迹般的伟大勋业，必然是协同众力的结果。靠少数人的单打独斗，鲜有成功。后世儒者在此章的基础上，扩充为《牧誓》，成为古文尚书中的一篇。

【翻译】

姬发说："周虽有亲兵，求胜仍须仰赖众仁。周百姓如有过错，皆错于本人。"

20.5　天下一统

【原文】

谨权量，审法度，修废官，四方之政行焉。兴灭国，继绝世，举逸民，天下之民归心焉。所重民食、丧、祭。宽则得众，信则民任焉，敏则有功，公则说。

【翻译】

周人统一度量，重颁刑律，恢复官制，让四方之政运转。复兴灭国，继往开来，逸民得举，让天下民心得以凝聚。民生复常，耕作、丧葬、祭祀受重视。施政以宽，受民拥戴；官员有诚，得民信赖；行政敏捷，多有功成；秉公用权，使民舒心。

20.6　尊美屏恶

【原文】

子张问政于孔子曰："何如斯可以从政矣？"子曰："尊五美、屏四恶，斯可以从政矣。"子张曰："何谓五美？"子曰："君子惠而不费，劳而不怨，欲而不贪，泰而不骄，威而不猛。"子张曰："何谓惠而不费？"子曰："因民之所利而利之，斯不亦惠而不费乎？择其可劳而劳之，又谁怨？欲仁而得仁，又焉贪？君子无众寡，无小大，无敢慢，斯不亦泰而不骄乎？君子正其衣冠，尊其瞻视，俨然人望而畏之，斯不亦威而不猛乎？"子张曰："何谓四恶？"子曰："不教而杀谓之虐。不戒视成谓之暴。慢令致期谓之贼。犹之与人也，出纳之吝，谓之有司。"

【翻译】

子张问："如何就可以从政？"孔子说："尊五美、屏四恶，就可以从政。"问："何谓五美？"答："君子惠而不费，劳而不怨，欲而不贪，泰而不骄，威而不猛。"问："何谓惠而不费？"答："施政能回应民之利益诉求，岂不惠而不费？使民能使役劳相匹，有谁会怨？求仁得仁，岂会有贪？君子无论人之多寡，年龄大小，都不敢怠慢，岂不泰而不骄？君子衣冠端正，目光显示尊严，让人望生敬畏，岂不威而不猛？"问："何谓四恶？"答："罪无定则，随心论罪，谓之虐；使民以恫，不计民之尊严，谓之暴；敷衍塞责，苛期诿过，谓之贼；贪恋权力，用权算计得失，谓之有司。"

20.7　君子三知

【原文】

孔子曰："不知命，无以为君子也。不知礼，无以立也。不知言，无以知人也。"

【翻译】

孔子说："不知命，不配为君子。不知礼，难以立于世。不知言，难以看透人。"

责任编辑:宫　共
封面设计:源　源
责任校对:吕　飞

图书在版编目(CIP)数据

论语新解/陈开先 注译. —北京:人民出版社,2019.2(2022.1 重印)
ISBN 978-7-01-020398-0

Ⅰ.①论…　Ⅱ.①陈…　Ⅲ.①儒家②《论语》-注释③《论语》-译文
　Ⅳ.①B222.2

中国版本图书馆 CIP 数据核字(2019)第 027638 号

论语新解
LUNYU XINJIE

陈开先　注译

人民出版社 出版发行
(100706　北京市东城区隆福寺街 99 号)

北京兴星伟业印刷有限公司印刷　新华书店经销

2019 年 2 月第 1 版　2022 年 1 月第 2 次印刷
开本:710 毫米×1000 毫米 1/16　印张:27.75　字数:438 千字

ISBN 978-7-01-020398-0　定价:75.00 元

邮购地址 100706　北京市东城区隆福寺街 99 号
人民东方图书销售中心　电话 (010)65250042　65289539